ハロー、はいさい、またあした！

「沖縄の心」に向き合う旅の記録

平尾彩子

花伝社

まえがき

二〇二〇年、冬の終わりに始まった日本でのコロナ禍は、私のささやかな仕事にも影響を及ぼした。

私はそれまで、何らかの理由で生きる希望が感じられずに重い心を抱えている人の話を傾聴する仕事をしていた。深い悩みに沈む人は、誰かに胸の内を話すことで少しでも心を軽くしたい、何かが変わるかもしれないと思うものだが、身内や友人に話しても、今までさんざん自分の中で自問自答したことばが耳元で繰り返され、「そんなこと分かってる！」と叫びたい衝動を抑えてますます自分の中に閉じこもる。そのような人の話を聴くのが私の仕事だった。

もがき苦しむ人が理路整然と胸の内を語ることはあまりない。たいていの場合、話はあちらに飛んだりこちらに戻ったりする。それを私は黙って聴く。全神経をそばだてて、その人自身の心のありようを可能な限り自分の中に再現しようとする。

相手はやみくもに思いつくことばを使って、自分の心の重さを表現するが、不思議なもので、話すうちにしだいに冷静になり、混沌としていた自分の心の中が少しずつ見えてくる。そして、自分のことばの曖昧さや矛盾が気になり、「すみません。なんだかとりとめのないことを言ってしまって」とか、「あ、また同じ話をしてますね」と言う。

私は笑って、「大丈夫です。今、心の中にあることを全部ことばにしてみてください。整理はこちらで勝手にしますから」などと言う。

相手は安心して話を続ける。何度もそんなことをくりかえしていると、ある時、ふと、その人が、時が止まったかのような表情をして、「あ」と言う。

必ず言う。そう信じて、私はその瞬間の到来をひたすら待つ。

それは、悶々たる思いを全部ことばにした果てに、ことばではない別の力が働いて、その人自身の中に厳然と存在する、希望の源泉に触れた瞬間なのだ。

そのときこそ、その人は自分の体内に湧き出す「喜び」を感じるはずだ。それが「希望」の実体だと私は思う。それは形がない、色もない、他者との間でやりとりができない、人それぞれの中に必ず潜んでいる不思議な力だ。

スポーツや芸能などで力を発揮した若い人が、「人に希望を与えたい」とメディアのインタビューに答える場面を時々目にするが、私はいつも心の中で、「それはちょっと違うんだけどな」と思う。若い人のいちずな気持ちの発露だから、やぼな目くじらは立てないが、希望は他人から与えられるものではない。それは、人それぞれの主観の、もっと言えば生命力の中に、火種として宿っている。たとえ今、死にたいと思うほど心が重くても、人には、もがきながらも、持って生まれた自分の火種のありかを探りあてる瞬間がある。そのとき初めてその人は、「あ」と声を発して、「希望」があふれ出す源が自分の中にあることを自覚する。

重い心を抱えた人は、希望のすぐそばまで来ているのに、気づかずに遠ざかる場合もある。「喜び」を感じるのが怖くて背をむける場合もある。そのような心の動きを、私は相手の表情や声の響きをとおして見つめ聴き入る。そして、相手が希望の源に確かに触れたと、こちらが確信したその瞬間に、その人もろとも大空めがけて飛翔する。その一瞬は早すぎても遅すぎてもいけない。「今でしょ」というその瞬間に飛び上がる。

何らかの原因があって重い心を抱える人は、たいていの場合、出口の見えない真っ暗なトンネルの中にたった一人でうずくまるような、あるいはいつもは何気なく通っていた橋の上から、思いもかけない深い谷底にころがり落ちたような気分でいる。だから、とにかく空が見える明るいところに飛び上がる必要があるのだ。

しかし、着地した先は、そのまま明るい未来が待っている場所というわけではない。何のことはない、落ち込む前の日常に戻るだけのことなのだ。その人と私は立ち戻った地平をゆっくり、ときには行きつ戻りつしながらともに歩く。そして、その人が、「もう一人でも大丈夫」と感じたら、私は消える。その先の人生舞台に私は登場しない。

これが私の、天職と感じる仕事だった。相手とともに泉湧き出す岩盤を蹴るようにして飛翔するときに、その人の個性とこちらの個性が呼応しあって創り出す一瞬の小宇宙が、私には何物にも代えがたい賜物だった。

私の場合、個人のクライアントさんの話も聴いたが、病院の入院病棟が主な仕事場だった。病を得て入院した患者さんは、実に様々な理由で心晴れない日々を送っている。なんでこんな病気になったのだろうという憤懣もある。いい加減な生活をしていたから罰を受けたのだ、と自分を責める気持ちもある。これから先の生活はどうなるのだろうという心配もある。手術を控えている患者さんには、麻酔から覚めなかったらどうしようという恐怖感もある。人に話せば気が晴れることでも、家族や見舞客に心配をかけたくないから黙って胸にしまいこんでいる場合もある。

何よりも、一旦入院してしまえば、いのちは医師や看護師に握られてしまうというのが入院患者の宿命だから、どんなに医療スタッフがいい人たちでも、患者の立場では、その人たちに物言うときには、「み心」を損ねないようにと気を遣う。気を遣わなくていいといわれても遣ってしまう。それがうっくつした思いに拍車をかける。

つまり、病の発見という非日常的なできごとのために患者さんは病院にやって来るが、一旦入院してしまうと、その非日常が主たる日常になってしまうのだ。

私はそういう患者さんを、看護師さんの依頼を受けて訪ねる。

「こんにちは」と何食わぬ顔をして第一声を発するが、のんきでいられるわけがない。それまで一面識もない人と、その人の内面にかかわる話をするのだ。心と心の歯車を合わせ損なわないようにと、かなり緊張する。

患者さんにしても、医師や看護師ではない傾聴者が医療スタッフの一員である例はそれほど一般的ではないから、何かあやしげな宗教にひき込まれるのではないかと警戒する場合もある。気を遣う必要のない相手だと知って、「話などない！」と思い切り怒鳴る患者さんもいる。

しかし、訪問を喜んでくれる患者さんも時にはいる。

「あんた、病院の人？」と聞いた男性患者さんとの最初の五分間の会話が忘れられない。病院に所属しているのかと聞かれて、私は、メンタルケア関係の団体から派遣されていると身分を明確に伝えた。その上で、その団体と、病気の直接的な治療ばかりでなく、患者さんの精神面が爽快であることが治療の上でも必要という方針をとるこの病院が提携していること、及び、私が勝手に患者さんを訪問するわけではなく、看護師さんと話し合った上で訪問していることを伝える。

「ですから、私は外部の者ですが、医療チームの一員です。いわば院外スタッフとお考え下さい」

すると患者さんは破顔一笑して言う。

「院外スタッフ！　いいねえ。病院にはそういう人、必要だよねえ。ここの看護師さんたちはみんないい人たちだよ。親切だし、明るいし。だけど、患者のところに来るときは、必ず用事があって来るんだよね。はい、体温計りましょう、とか、はい、血圧測りましょう、とか。

お通じありましたか、なんて聞かれてさ。必要なのはわかってるんだけど、うんざりするんだよね。院外スタッフ！　いいねえ。長く入院していると、そういう、病院のにおいのしない人と話がしたくなるんだよね」

このように、たまには患者さんから「ことばのご褒美」をいただきながら、傾聴の仕事を続けること一〇年あまり、対話をした患者さんの数が千人近くなった二〇二〇年二月、新型コロナウィルスが日本にも蔓延する兆しが見えた。

その二か月後、病院は患者さんの家族も含めて、院外者の入館禁止を決めた。

私は、自分がウィルスに感染しているのを知らずに患者さんと接触したら取り返しのつかないことになるという、いつもの緊張とはまた別の緊張からは解放された。そして休業が三か月も続いたころには、もう病院の仕事に戻る日は来ないように感じていた。パンデミックはそう簡単には収束しないだろう、と。

ここは人生最後の仕事に取りかかる時期という天の声に従うことにした。私はもはや押しも押されもせぬ高齢者。あの世の階段が見えている年齢だから、悔いなく笑ってさよならできるよう、準備を始めることにした。

ハロー、はいさい、またあした！——「沖縄の心」に向き合う旅の記録◆目次

序章　わが生涯の悔い

人生、長く生きれば、誰にでも悔いの一つや二つはあるものだ。

おそらく、たいていの悔いは「若気のいたり」や「不徳のいたすところ」で折り合いがつけられる。しかし、なんともごまかせないほどに重い悔いがあれば、天国への長い階段は無事には昇れまい。

私には、もしかしたら階段を踏み外して地獄の底へ真っ逆さまということになりかねない悔いが、少なくとも一つある。

それは一九七二年五月一五日に関することだ。その日は言わずと知れた沖縄返還の日、私は二八歳だった。

私の印象では、その日に至るまでの報道が、「本土」側では「返還」と言い、沖縄側では「復帰」と言うことが多かった。もちろん、ただの印象にすぎないが、なんとはなしに感じるその差違が私は気になった（沖縄では、返還というときには「施政権返還」と明確に表現されたことはあとで知った）。

二八歳は何とも中途半端な年齢で、もはや子どもではないが、社会や政治を見る目という意味ではまだまだ子どもだった。当時の若者は戦前の若者に比べると精神年齢が一〇歳は遅れているとよく言われた。もちろんしっかりした二八歳もいたろうが、私はまさしくそのような、はたち前の、自分のことで精いっぱいの精神を抱えながら生きていた。

戦後の二七年を、日本でありながら日本ではない土地に、しかも、自分の土地でありながら外国の権力によって奪われた土地に暮らしてきた人びとの苦労も、怒りも、悔しさも、「返還」の日に晴れの舞台に立った人がどんな外交上の密約を交わしたのかも、深くは理解していなかった。

しかし、私は確かに沖縄と「本土」の間にある温度差を感じていたのだ。その微妙な差の正体が明らかにされないまま、「本土」では返還後の経済援助などが語られていた。

こんなことでいいのだろうか――その思いが頂点に達したのは、「沖縄返還」当日の様子を夜のテレビニュースで見たときだった。

その日は土砂降りだった。私がはっきり憶えているのは、白い帽子をかぶった男性（二八歳の目にはオジサンに見えた）が二、三人、「これでやっと祖国に帰れた」と手を取り合って喜んでいる姿だった。

男性たちのことばは私にはこの上なく衝撃的だった。

えっ、祖国？

私は自分が日本人である意識は十分にあったが、日本を「祖国」と意識したことはそれまで一度もなかった。それは意識せずに済んできたということだろう。祖国とは切り離されて初めてその存在を感じるものなのかもしれない。

おそらく、新聞報道で「祖国復帰」という文字は何度も見ていたろう。しかし、活字で見るのと、その土地の人から生きたことばとして聞くのではまったく現実味が違っていた。

そうか、沖縄の人たちはこの国を祖国と思ってくれているのか――。

当時の私の乏しい歴史認識では、沖縄は昔、琉球王国という日本とは別の国だった。ところが、江戸時代に無理矢理日本に組み込まれたあげくに、二〇世紀の戦争に駆り出され、辛酸をなめさせられた。その上、「祖国」から切り離されて外国の支配下に置かれた。それらすべての苦労の元凶のような国が日本だったのではなかったろうか。

その国を祖国と言ってくれるのか、と私は厳粛な気持ちでテレビの画面に見入った。だったら「おかえりなさい。今までよく耐えてくださいました」と両手を広げて迎え入れる意思を形で表すのが礼儀ではないのか。沖縄が何も変えずにそのままで日本だ、と思えるようなことを何かひとつでも形にすべきではないのか。

実は、そのような思いは、沖縄返還が報道されて以来、心にくすぶっていた。しかし、一向にそちらの方向にはいかない「本土」の様子を見ながら、こんなことでいいのだろうか、沖縄の人たちに新たな悲しみの種をまくことになるのではないかと心を痛めていた。

あの、抱き合わんばかりに喜んでいたオジサンたちをテレビで見たときから、私は本気で沖縄にあって「本土」にないものを探し始めた。それを「本土」全体も共有したら、沖縄の人が「本土」を旅したときに、ああ、本当に祖国に戻った、と実感してくれるのではないかと思ったのだ。

私が必死で考えて見つけた答えが一つだけあった。

それは車の右側通行だった。

「この際、車は右、人は左に交通規則を変えましょう」と私は言いたかった。

しかし、そこが未熟な二八歳の悲しさ、私は自分が言おうとしている本当の意味を探り当てることができなかった。そうしているうちに、だんだん自分の考えに自信がなくなって、「そんなばかげたことを！」というあざけりの声や、「車線の上りと下りでは経済効果が違うんだぞ」という怒号や、莫大な経費のことや、たぶん全国で起こるであろう交通事故のことなどが頭の中でぐるぐると回りはじめ、そうなったらもう一歩も前へは進めず、いつものように、世間知らずの小娘が考えることは社会的には大して意味のあることではない、というところに自分の思念を落ち着かせてしまった。

疑問はあったのに、沖縄返還に関して、一庶民として何もしなかった。この思いが後々までも悔いとなって残ることになった。あのとき、せめて新聞に投書するくらいのことはすべきだった。「本土」全体を覆う祝賀ムードの中で、その気分に水を差すような投書が採用されることはなかったかもしれないが、新聞の投書欄は一庶民が全国に向けて意思表明できる数少ない手段なのに、私はそれすら試みなかった。

沖縄で少女がアメリカ兵に暴行された、軍用機が大学構内に落ちた、と惨事が報道されるたびに、その悔いが頭をもたげた。理不尽な事件が続き、沖縄の人たちは、もう日本の一部でいることがいやになっているのではないだろうかと思っているときに、図書館の書棚にあった一冊の本のタイトルが目に飛び込んできた。

「ヤマトは帰るべき祖国ではなかった」

著者は大山朝常さん、一九五八年から七四年までコザ市（現沖縄市）の市長を務めた方だ。

「戦争を放棄し、武力を保有しない」と宣言した日本本土は、戦後もなお米軍占領下の準戦時体制にあった沖縄にとって、〝帰るべき平和な祖国〟そのものでした、と大山さんは書く。[1]

しかし、一九五一年のサンフランシスコ講和条約で、日本の独立は認められたが、同時に締結された日米安保条約によって、沖縄は日本から切り離されてアメリカの施政権下に置かれることになった。講和条約が成立すれば占領下の苦しみから解放されると、祈るような気持ちでいた沖縄の人びとにとって、日米安保条約が発効した四月二八日は「屈辱の日」となった。

その「屈辱の日」以来、「平和憲法下日本への復帰」は単なる願いを超えて、積極的な運動に高まった、と大山さんはいう。[2]大山さんは復帰運動のリーダーの一人だった。

だが、一九七二年の「沖縄返還」で返還されたのは施政権だけだった。基地は沖縄県民の願いを踏みにじるようにして、急速に拡大した。

なぜ、誰のために、アメリカ軍の基地が沖縄に必要なのかという問いに対して、日本政府は日本の安全保障のためにと答えるが、それは間違いで、ヤマトの安全保障のために、と答えるべきだとして、大山さんは次のように書く。

> 太平洋戦争で、ヤマトは自らの本土防衛のため、沖縄を犠牲にしました。あの戦争を通じて唯一、地上戦が行われたのは沖縄だけです。非戦闘員である一般住民の死者――そのなかには、私にとってかけがえのない家族も含まれていました――が、日米の将兵のそれを上回るという悲惨な戦い、それが沖縄戦だったのです。
>
> そういう悲惨な体験を強いたヤマトは、今度は私たちの切実な復帰への思いを利用し、自らの軍事政策に組み込みました。沖縄のアメリカ軍基地を誰よりも必要としているのは、ほかならぬヤマトです。アメリカに沖縄を差し出し、日米安全保障という軍事力の傘のもと、戦後の経済復興を果たしてきたのがヤマトです。
>
> 沖縄をタテにし、犠牲にしようとするヤマト――つまり、以前となにひとつ変わっていないのです。[3]

「ヤマトは帰るべき祖国ではなかった」は副題で、本題を『沖縄独立宣言』という。

沖縄で何かあるたびに頭をもたげる私の悔いは、私自身が何とかしなければ解消できないものだ。もはや天国の階段が見える年齢になった今、そして、自分の意思に従って行動する体力気力が、まだ少しは残っている今、この悔いを解消することを私の人生最後の仕事にしようと思い立った。

課題は、あの頃と同じく、沖縄にあって本土にないものを探すこと。そして、どうすれば沖縄が沖縄のままで日本と感じられるのかを考えること。その答えが見つかれば、ニライカナイに眠る大山朝常さんを訪ねて、[4]「もう一度やり直しましょう」と説得できるかもしれない。

そして、五〇年前に小娘が何もできなかった本当の理由も見つかる、と期待した。

［注］

1　『沖縄独立宣言——ヤマトは帰るべき「祖国」ではなかった』大山朝常著　現代書林　一六一頁

2　同右　一六二頁

3　同右　三〇頁—三一頁

4　大山朝常さんは一九九九年に九七歳で永眠。ニライカナイは琉球列島の人びとが海の彼方にあると信じる神の国。

第一章　平和の礎へ

1　「沖縄の心」とは

沖縄には「平和の礎《いしじ》」というものがあると教えてくれたのは永六輔さんだ。そのとき私は車の中でラジオ番組「永六輔の誰かとどこかで」を聴いていた。永さんは全国津々浦々に出かけていって、土地の人に会い、そこで聴いた話を放送の中で人々に伝えていた。

永さんがいつ平和の礎を訪れたのか定かではないが、好奇心の強い永さんのことだから、平和の礎の除幕式を見にいったのか、遅くともその翌年ぐらいだろうか。そうだとすれば私が平和の礎の存在を知ったのは一九九五年か六年のころということになる。

永さんは、沖縄の摩文仁の丘は沖縄戦最後の激戦地だったところであり、そこに戦争で亡くなった人の名前を刻んだ石碑が立っていると話した。

次の瞬間、永さんの口をついて出たことばに、私は自分の耳を疑った。

その石碑には、敵味方の区別なく、沖縄戦で亡くなった人の名前が刻まれている。

エッ、敵味方の区別なく？

永さんは確かにそう言った。

エッ、靖国神社にはこの国のために戦って亡くなった人々が祀られているはず。エッ、千鳥ヶ淵は……？

私の聴力はそこで止まってしまった。永さんはそれから先もいつもの賑やかな口調で、六月二三日の慰霊の日の朝日が海からまっすぐに差し込むところに平和の火が燃えているというようなことを語っていたが、私は聴いていなかった。

敵味方の区別なく石碑に名前を刻むとは、どんな意思が働いていたのだろうか。あの戦いで命を落とした人を身内にもっている沖縄の人々は反対しなかったのだろうか。

その疑問が永さんの放送を聴いたときから四半世紀の間、心にくすぶっていた。だから沖縄にあって「本土」にないものを探しにいくと決めたとき、最初の目的地を沖縄県糸満市摩文仁に思い定めた。

それから私はドロナワ式に、平和祈念公園のウェブサイトやいくつかの文献に情報を求めた。まず「礎」の意味がわからなかった。私はこの文字を「いしずえ」と発音していた。「いしじ」は沖縄のことばだろうと想像したが、「いしずえ」と同じものなのだろうか。私にとって「いしずえ」は何かの土台であり、石碑とは意味が違う。ところが、「いしじ」には亡くなった人の名前が刻まれているという。ならば「いしじ」とは石碑の意味なのだろうか。

次にわからなかったのは、「沖縄の心」という表現だ。沖縄に関する文献を読んでいると、いろいろなところで「沖縄の心」という表現に出会う。使われている文字は、漢字の場合もあるし平仮名の場合もあるが、いずれにせよココロと発音する。

「沖縄の心」は新聞にも頻繁に登場する。二〇二二年は復帰五〇周年の年だったので、私が購読している新聞はその前年から特集を組んでおり、「沖縄の心」やそれに類する表現を何度も目にした。正直のところ、「ああ、そうか」と新たな発見をしたような気持にさせられる記事には出会わなかった。いつも最後には、「沖縄の心って何だ?」という思いが残った。

一方、一九九三年一〇月に沖縄県が発行した「『平和の礎』建設基本計画書」の「はじめに」の項に、次のような一文がある。

> 沖縄戦犠牲者への追悼と戦争の教訓の継承を通して、平和を求めてやまない「沖縄のこころ」を広く世界に発信することは、沖縄に住む私たちの大きな使命であり、責務だと思います。[1]

この文書は大田昌秀さんが県知事時代に出されたものだから、大田さんの考えが色濃く反映されているとみて間違いないだろう。そこでこの文書の二〇年前に書かれた大田さんの『沖縄のこころ』をひもといてみた。すると、沖縄のこころを次のように解説する文章に出会った。

沖縄の文化は、「やさしさの文化」だといわれ、俗に沖縄の心は、「平和を賞《め》でる心ばえ」だともいわれる。いずれも一言で表現しうるほど単純明快なものでないことは、いうまでもないが、わたしは、折にふれ「沖縄の心」は、「反戦平和」「人権回復」「自治確立」という考え方が柱になっていることを、くりかえし指摘してきた。[2]

気難しい私は、今度は「心ばえ」という表現にこだわる。「心」を説明するのに「心ばえ」というのは困る。「沖縄の心とは平和を愛する心だ」と言いきってもらえば、心にズシンと響く。だが「心ばえ」と言われると、意味が曖昧模糊となり、せっかく「沖縄の」と地域が明示されているのに、そこに霧がかかってボーッとかすんでしまう。沖縄の心とは何かと考えようとしても、取りつく島がないのだ。

自分の取りつく島は自分で見つけようということかと、私は「沖縄の心」の意味を見極めることを旅の三つ目の課題として背負うことにした。

もちろん「沖縄の心」は、反戦平和、人権回復、自治確立が柱になっていると大田さんが明快に説明されているのだから、私はその三本の柱を心の土台にズバッと打ち込んで出発した。

2　名を刻むということ

二〇二二年六月二一日、沖縄の梅雨が明けた翌日に、私は羽田を発った。七八歳にして初めての沖縄だった。

沖縄に行くといったら、私より二回り若く見える女性が、「うわぁ、いいですねえ。そのころなら梅雨が明けているでしょうから、きっと快適な旅になりますよ」と明るい笑顔で言った。テレビを見ていても、行動が制限されるコロナ禍でうんざりしている若い人たちが、旅に行くとしたらどこに行きたいか、とのインタビューに答えて、「沖縄に行きたぁーい。食べ物がおいしいいし、人がやさしい！」と幸せこの上ない笑顔で言う。

「沖縄」は本土の人から反射的に笑顔を引き出す場所らしい。そのことに、私はもはや古い人間なのだと思わされる。私にとって沖縄は「あだやおろそかな気持ちで行ってはならないところ」だ。沖縄戦に関する無知のために、うかつな発言をして沖縄の人を傷つけることがあってはならない、という心の枷が私にはある。

この枷ゆえに私は生涯の悔いを半世紀も持ち越し、平和の礎に関する疑問を四半世紀も晴らさずにいたともいえる。きっと、心の枷から解放され、なおかつ、何を知っても耐えうる精神の強さを身につけるには、そのくらいの歳月が少なくとも私には必要だったのだろう。

那覇市に到着した翌日、私は路線バスを乗り継いで、糸満市摩文仁にある平和祈念公園へ向かった。バスは時間が不規則だし遠回りするからタクシーで行ったほうがいいですよ、と宿泊先のホテルで助言されたが、土地の人と同じ公共の乗り物を利用したかった私は、自宅にいる間にインターネットで路線と時刻を調べていたので、親切な助言を振り切ってバスで行くことにした。無事に往って還ってくる自信はなかったが、何とかなるだろう。

六月二二日は、その翌日が沖縄県条例で定める「慰霊の日」に当たる。しかも、日本復帰五〇周年の今年は岸田首相も式典に参列するとのことだったので、一般の人の中には厳しい警戒や混雑を避けて前日にお参りする人もいるだろうと私は想像した。バスも混むかもしれないとさえ思ったのだが、予想に反して、高校生の集団が校門前で降りてからは、急激に乗客が少なくなった。「ああ、東の風の平らと書いてコチンダと読むんだ」などと、バス停が近づくたびに聞こえる車内アナウンスに聞き耳をたて読み方をメモしているうちに、気がつけば乗客は私一人になっていた。

私は玻名城《はなぐすく》という停留所にたった一人で降り立った。降りる際に乗務員さんに、「平和祈念公園へ行くバスはここで待っていればいいですか」と尋ねた。

「バス停の標識に書いてあるかどうか見てください」との返事だった。

停留所名が書かれた標識には、そこを通る路線名が路線番号とともに書き込まれており、その下には、路線それぞれの発車時刻が記されていたが、私があらかじめ調べた路線名は表示されていない。広い四辻でまわりには交番はおろか、聞くべき人影さえなかった。アスファルトの道路がやけに白っぽく見えた。

まわりを見渡すと、道路を隔てた斜めむこうにバス停が見えた。他に停留所が見当たらなかったのでそこへ行ってみると、私のメモにある路線名と発車時刻が記されていた。ホッと胸をなで下ろしベンチに座って次のバスが来るまで四〇分待った。日よけの屋根がありがたかった。

定刻どおりにやってきたバスの前面には、確かに私が乗るべき路線の番号が記されていたから、安心してそのバスに乗り込んだ。が、座席に座ったとたんに、行く先を乗務員さんに確認しなかったことを悔いた。もしかして、逆方向に行っているのではないか……。

しかし、その不安も、周りの景色を眺める胸の内に沸いた思念にかき消された。

今、私を乗せたバスが走っているこの道は、この島の人たちが七七年前、助けてくれると思っていた日本軍に裏切られ、「悲惨」など通りこした非人道的な扱いを受けながら、逃げ場を求めて南へ南へ下っていった道ではないのだろうか。そのころの六月二二日は梅雨が明けていたろうか。雨が降っていたら、もっともっと惨めだったに違いない。乳飲み子を背に負い幼い子の手を引いた女性の姿や、息子や孫を兵隊にとられた年老いた親たちの姿が想像の中に浮かび上がって、胸にひしひしと迫るものがあった。

やがてバスは平和祈念公園の前に停まった。ここでも降りたのは私一人だった。公園とは、入口に案内板が立っているものと思い込んでいたが、それらしきものは見当たらない。さて、どうしたものかとまわりを見回すと、「案内所」と大きく書かれた建物が目にはいった。そちらに行ってみると、簡単な地図が置いてあるだけだった。

　こういうこともあろうかと、私は強力な助っ人を頼んでおいた。平和ガイドの大島和典さんだ。大島さんは徳島県の四国放送で番組制作の仕事をされていたが、退職後に沖縄に移住して、沖縄戦の実相や基地問題を調査、研究、発信する沖縄平和ネットワークの一員となり、二〇一七年に八一歳で引退するまで一四年間、平和ガイドを務めた。その間に案内した回数は一〇〇〇回以上だそうだ。[3]

　大島さんに助っ人をお願いしたといっても、生身の大島さんではない。大島さんが高校の修学旅行生を案内して沖縄戦の戦跡を訪ねたときに語ったことばをまとめた一冊の本を、今回の旅に携えてきたのだ。

　この本のおかげで、私はこれまで何度も耳にしたキャンプ・ハンセンのハンセンとは人の名だということを初めて知った。アメリカ軍の基地の名前は、その基地がある土地の名がついているものと思っていたから、なぜキャンプ・ハンセンと片仮名で書くのだろうと、長年疑問に思っていた。東風平のように、沖縄の人には読めても本土の人には正しく読めない漢字だからだろうか。それにしても、軍事基地にハンセンとはこれいかに、などとザレゴトさえつぶやいていた。大島さんによれば、人名ハンセンのフルネームはデイル・マーリン・ハンセンで、二二歳のときに海兵隊二等兵として沖縄戦に従軍し、一二名の日本兵の命を奪った功績で勲章を受けたそうだ。[4]

　大島さんの本を読んでいると、大島さんが若い人に語りかける真剣な思いや、今の平和な世の中で、何の屈託もなく育っているかに見える若者たちの浅慮を否定しないやさしさが伝わってきて、私もいつしか大島さんのことばに耳を傾けるような気持になっていた。それゆえ、私は安心して大島さんを私のバーチャル案内人に頼むことにしたのだ。

　私は案内所にあった建物の配置図を手にして外に出た。周りには二、三の人影しか見えなかった。

「まずは平和の礎に行ってみましょうね」

と大島さんの口調をまねて自分に語りかけた。

　大空の下を少し歩くと、あすの慰霊の日のために張られたテントや、取材用の各テレビ局の車両が視界にはいってきた。人の数も増えたが、皆、式典のために忙しく下準備をする人たちだった。

　いよいよ「平和の礎」の刻銘碑が見えてきた。長方形の石板が屏風のように少し角度をつけて並べられている。平和の波が世界に広がるようにとの願いが込められているそうだ。中年の女性と三〇歳代ぐらいに見える女性が一組、石碑の前に座り、持参した食べ物を口にしたり、刻まれた名前を指で触れたりしていた。

「平和の礎」刻銘検討委員会座長を務めた石原昌家さんが、「平和の礎」除幕後九か月して新垣尚子さん（国連ボランティア計画連絡調査官）と共著で発表した報告書によると、「平和の礎」が除幕して以来、その場を訪れる遺族の思いには、石原さんたちの想像をはるかに超える深いものがあったという。[5]

たとえば戦争当時九歳だった女の子は、母親らと戦場を逃げまどっているうちに、背中の子が砲弾にあたって死んだが、しばらくはそのことに気づかずにいた。母親が妹の遺体をどこかに埋めたが、戦後、遺骨を探しても見つからなかった。それから五〇年、「平和の礎」の除幕式前日にその場を訪れた女性は、石に刻まれた妹の名前を見て、やっと遺骨に出会えた気持ちになったという。「もう、みんなと一緒だから寂しがらないでいいからね、明日はみんなであなたに会いにくるからね」[6]と、刻銘された妹の名前に話しかけた。その翌日には、家族や縁者とともに、「みんなで」妹に会いに来たのであろう。

女性は毎年六月になると精神的に不安定になったそうだが、除幕式以降はやっと落ち着きを取り戻したそうだ。

この間、実に五〇年。刻銘板に刻まれた名前は、ただ、事実としての名前を意味するばかりではない。その名に向かって話しかけたり、指で触れたりすることで、その名の主が確かにこの世に生きていたいのちのぬくもりと、失われたいのちの重みと、たとえどこで亡くなったかはわからなくても最期が確かにあった、という悲しみとも安堵ともつかぬ感慨を、その前に立つ人に感じさせ、なおかつ五〇年にわたる生き残った人の苦悩を吸い取ってくれる力があるのだろう。

アメリカ軍施設に名を遺すデイル・マーリン・ハンセンさんも、辺野古埋め立てのニュースのときに名前をよく聞くキャンプ・シュワブの名につながるアルバート・アーネスト・シュワブさんも、この刻銘版に名を刻まれたアメリカ人一万四〇〇〇人あまりの中に含まれている。石原さんたちの報告書には、そのうちの誰かの名前の前で悲しみにくれる車椅子に座った男性の写真が掲載されている。刻まれた名前の主は身内だろうか、戦友だろうか。

まさしく戦争とは、勝者にとっても敗者にとっても、悲しみしか残らないことを如実に物語る写真のように思われた。

3　歴史と一個人の責任

私は中年の女性と若い女性の一組が何やら語り合っている脇を静かに通り抜け、平和の広場に向かった。その先は切り立った断崖になっている。

「平和の火」が見えてきた。高さは一メートルぐらいだろうか、先の尖ったデザインを見たときに、私は永六輔さんの話を思い出し、内心で笑った。

永さんは、「平和の礎」の石碑が立ち並ぶ真ん中の通路とこの「平和の火」を結んだ延長線の海上から、六月二三日の朝日が昇ると話した。私は永さんが語った、敵味方の別なく名前を刻むということに驚いてしまって、その先の話は上の空だったが、その耳に「平和の火」の先端が丸い輪になっていて、その輪の中を朝日の光線が通る、と聞こえたような気がした。それは素晴らしい、そんなデザインが可能ならぜひ見たいと思ったが、この旅の準備を始めたとき、それは私のはかない幻聴だったことに気がついた。「平和の火」の写真を見たが、その先端は輪ではなく円錐形だった。だから現実に「平和の火」の先端を見たときに、輪の中に太陽光線を通すという発想に素朴に感動したことを思い出して笑ったのだ。

もちろん、輪でなくてもいいから、その先端を朝日が照らすさまを見たいという気持ちはあったが、そうするためにはレンタカーの中に一泊して夜明けを待つしかない。私はすでに運転免許を返上していたから、あきらめざるを得なかった。

そんなことを思い出しながら「平和の火」を眺めていると、観光バスが到着して、中から中学生ぐらいの生徒たちが降りてきた。平和学習の一端なのだろうか、男子集団は「平和の礎」の説明板の前に集まり、女子集団はこちらに向かって勢いよく歩いてきた。

旗を持った若い女性ガイドが、平和の火は普段は種火が地下室に保存されていて外からは見えないようになっているが、今日は慰霊の日の前日だからこうして灯されています、と説明する。

「みなさん、運がよかったですね」とガイドが言うと、少女たちはうれしそうに笑った。

ガイドは、その種火には三か所の火が合わせてあると説明する。一つはアメリカ軍が最初に上陸した慶良間諸島の阿嘉島《あかじま》で採火された火、あとの二つは広島市の「平和の灯」、長崎市の「誓いの火」からそれぞれ分火された火とのことだ。

女子生徒たちは、付き添いの教師とともに断崖へ向かった。皆で黙祷している様子がこちらから見える。

今度は男子の一団がやってきた。私は同じ説明を二度聴いたことになる。それぞれのガイドは、平和の火の下から流れ出す噴水が溜まる池の底には世界地図が描かれている、という説明をしていた。それは沖縄の平和への思いが世界へ波及しますようにという願いを表している、と。

私は生徒集団から少し離れたところに立っていたので、もっとよく聞こえるよう近づきたかったが、子どもたちに、盗み聞きしているオバ（ア）サンと思われたくないという見栄が働いて、動けなかった。その上、元気な子どもたちは必ずしも神妙に平和や戦争の話を聴いているわけではない。ガイドの説明とは無関係にふざけ合い、大事なときに大笑いしてガイドの声をかき消したりする。

「確か世界地図といった」と心でつぶやきながら、生徒たちが去って噴水の音だけが聞こえる池に近づいた。確かに地図は描かれているが、世界地図ではない。大島さんの仲間の調べによれば、かつての大日本帝国が目指した「大東亜共栄圏」を表しているとのことだ。その中央に「平和の火」が立っているということは、暗号のような形でメッセージが埋め込まれていると解釈できる、と大島さんは言う。[7]

私も生徒たちと同じように断崖に立った。梅雨明けの南国の空は抜けるように青く、ギラギラ太陽が照りつける、というイメージを東京を発つときには抱いていたが、実際の空は薄青かった。青といっても単純な青ではなく、かすかに緑色が混じっているように私には見えた。もしかしたら、藍染めの「かめのぞき」とはこんな色だろうか。やわらかなかめのぞき色の大きな布が天を覆っているように感じられた。

海も同じような色をしていたが、海岸に近い部分は黒っぽく、無数の波がしらが日の光を浴びてクリスタルグラスを散りばめたように輝いていた。

今、目の当たりにしているこの穏やかな景色と、想像の中に再現する七七年前の同じ場所での光景は、あまりに落差がありすぎる。七七年前、この海は血の色に染まったという。海からも陸からも砲撃を受けて、人々は断崖を転がり落ちて海に沈んだ。私が今立っている足の下にも遺骨はあるかもしれない。左手に特徴ある形をした岬、ギーザバンタ（慶座崖）が見えているが、その崖から、人がこぼれ落ちるように落ちていく様を、慶座集落の人びとは見ているそうだ。[8]

私は静かな海を眺めながら、ことばもなく立ち尽くした。

「沖縄の人は本土の人間を嫌いだろうな」

ふと、そんなことばが脳裡をかすめた。

この海を血の色に変えたのは、紛れもなく「皇土」を守ろうとして太平洋戦争の終盤を沖縄での戦いと決めた帝国日本の判断だった。戦争とは、体験した誰もが言うように、人が人を殺す狂気の発露そのものである。この場所で、アメリカ軍も日本軍と同じように、狂気の権化となって殺戮にのめり込んでいったのだろう。だがそうした事態を招いたのは、明らかに日本の判断の結果だ。

そのような歴史がまるでなかったかのような表情で、「沖縄の人びとの心に寄り添う」と繰り返す中央政府の政治家や、土地の人の優しさに癒やされると喜ぶ私たち庶民の鈍感さを、沖縄の人は許せるだろうか。

そんな風に思いを巡らすと、必然的に、一個人は過去の歴史にどのような責任があるのか、という問いにつきあたる。この海が血に染まったとき私は一歳だった。別の地方で、母の背に負われて焼夷弾の中を逃げまどっていた。沖縄の人びとが蒙った惨状に、私は直接的には責任がない。

しかし、人はどこかの地平に身を置かなければ生きられないのが宿命であり、どの地平にも固有の歴史があるとすれば、その歴史を背負うのもまた人間として生まれた生きものの宿命だろう。過去の歴史から遠い「現在」に生きる者の責任とは、その宿命を悟り、歴史の中の非道の部分を、非道であったと認めることではあるまいか。その責任をどう全うするかは人それぞれの生き方によって違いがあろう。私がこの旅の考察の中で、私が住んでいる場所を沖縄と対比するときに本土と呼ぶことに決めたのは、過去の歴史への責任という意識が働いたからだ。

最初、私は「本土」ということばを使うことには非常に抵抗があった。それまでの私の意識では、私の住んでいるところは「東京」であって、「本土」ということばで自分の居場所を表したことは一度もない。沖縄についても、正式に言うときには「沖縄県」であり、私にとっては四七都道府県の一つだ。日本ということばを沖縄と対比して使うときには、琉球王国を意識してのことだ。

「本土」とはどこを指すのか。北海道から九州までのことか、「中央政府」のことか。沖縄の人がいう「ヤマト」と同じ地域なのか。「ヤマト」とはどこを指すのか。そもそもなぜ「本土」なのか。

そんなふうに、沖縄と対比せざるを得ない、私が依って立つ地域のことを何と表現すべきか考えあぐねているときに、『無意識の植民地主義』の著者、野村浩也《こうや》さんにスパッと言い切られてしまった。

「日本国」と「日本」は同じではない。また、「日本」と「沖縄」も当然別であり、「日本」という概念は「沖縄」を含まない。そして、「日本」「沖縄」両者を含む場合は「日本国」という概念を使用すればよい。

私は、ナルホドと思い、沖縄を含む日本全体を表現するときには「日本国」と言うことにした。

しかし、すぐに行き詰まった。私の日常的言語習慣では、「日本」と「日本国」に明確な差違はない。ことさらに「日本国」と言うときには、政治的意味合いが含まれていることが多い。そして、「日本」に沖縄を含めないことは、野村さんとは逆に、とてもとても心苦しい。とはいえ、何かしら沖縄以外の地域を表現することばが必要であり、私には本土ということばしか思いつかなかった。

この傲慢な響きを放つ本土ということばを、私は不承不承使うのだという自己弁護を込めて、最初は「本土」とカギカッコつきで表現するつもりでいた。しかし、こうして平和祈念公園の断崖から穏やかな海を見つめていると、過去の歴史を引き受けるのは人間の宿命だという考えが抵抗なく受け入れられた。私は高慢な自尊心の衣を脱ぎ捨て、カギカッコなしの本土を、わがことばとして使うことにした。

4　沖縄は「寛容」か

私は海を眺めながら長いこと断崖に立っていたが、ふと、時の流れに気がついて、「平和の礎」の刻銘碑に向かって歩き出した。

海を背にしてメイン園路の右側が沖縄の人びとのエリア、左側が北海道から始まる各県のエリア、次いで朝鮮半島、台湾、アメリカの人びとのエリアと続く。

一五万近い人びとの名が刻まれた右側の刻銘板を見ると、同じ苗字がいくつも並んでいる。沖縄県民のエリアは地域・集落単位で刻銘されているが、バーチャル案内人の大島さんによれば、同じ集落で同じ苗字ならば、ほぼ同族と考えていいそうだ。平時であれば、ともに同じ墓前で先祖の供養をした間柄だったろう。こうして同じ苗字がたくさん並ぶということは、一族の多くがこの戦争で亡くなったことを示しているのだ。

名前がわからないまま刻銘されている例もある。世帯主の名があり、その「妻」とか「長男」とか、家族構成だけが記されている。それは一家全滅を意味するとのことだ。近所の人も亡くなっているし、戦前の戸籍簿は戦災で焼失しているから名前を調べようがないのだ。

それほどの不幸があったにもかかわらず、「平和の礎」に敵・味方の区別なく戦死者を刻銘するという沖縄の人びとの発想には、遠い祖先の時代から培ってきた平和思想が凝縮されている、と石原昌家さんが先述の「平和の礎」除幕後の報告書の中で言う。

沖縄の歴史は、一六三九年から一八五三年の二〇〇年余にわたる鎖国日本の歴史と異なり、琉球王国時代に東南アジア一帯を自由に往来して、交易を維持していた。外国船が難破・漂着したり、探検に訪れても、異国人に畏怖心を持つこともなく、自然に受け入れていき、英国人が沖縄の人を類稀な善人であると驚嘆するほど親切に対応してきた。[10]

このように、沖縄の人びとが誰にでも心を開き、その人をあるがままに受け容れるのは、「イチャリバチョーデー（＝出会った人は皆きょうだい）」、「チムグルサン（＝他人の痛みを自分の痛みとする）」という精神が発揮されるからだ、と石原さんらは報告書に書く。

その精神と、武力に訴えることなく交易に励み、平和を愛する民として生を全うしてきたことが、「あらゆる外来者を排除しない伝統的平和思想として、沖縄のひとのバックボーンになっている。『平和の礎』に敵味方の区別なく戦死者を刻銘していくという発想には、これらの伝統的平和思想が凝縮されている」[11]と石原さんらは書く。

とはいえ、この刻銘碑に名前を刻まれることを拒んだ遺族はいる。理由は、沖縄戦の指導者だった日本軍の中将や参謀長、あるいは住民をスパイ扱いにして殺した兵士と同列に名前を記録するのは、戦争責任問題を曖昧化することにつながる、というものだった。[12]また、朝鮮半島から連行された人びとの遺族の中には、日本の軍国主義に加担したことを末代の恥として刻銘を拒んだ人もいたとのことだ。[13]

それらの情報を、私は沖縄近現代史研究家の新崎盛暉《あらさきもりてる》さんが『〈戦後50年〉あらためて不戦でいこう！』に寄稿した記事から得たのだが、その記事には一九九五年六月二三日、すなわち「平和の礎」除幕式の日にテレビの画面に映し出されたアメリカの退役軍人たちの様子も描かれている。

「戦後五十年ということで、今年は、数百人の退役軍人たちが大挙沖縄を訪問したが、ＴＶの画面は、老いた退役軍人たちが、嗚咽をこらえつつ、碑に刻まれた戦友の名を紙に写しとる姿を大写しにした」[14]

石原さんたちの報告書に添えられた写真の中で車椅子に座り目頭を押さえていた男性は、アメリカの退役軍人だったのだろう。五〇年前の若い日に、狂気の戦争を共に戦い斃れた戦友の名が、かつての敵地に刻まれ慰霊されることにどんな感慨を抱いたろうか。新崎さんの記事から推察すると、テレビの画面に映し出された退役軍人たちは「かつての敵の名を共に刻む沖縄人の寛容さ、優しさに感激した」と言ったようだ。[15]

また、除幕式に出席したモンデール駐日アメリカ大使が記者会見の席で、「戦争記念碑に米側の犠牲者も刻名した沖縄のみなさんに米国を代表して感謝したい」と述べた、と新崎さんは記している。[16]

が、こうして園内をひとり黙々と散策する私自身の中では、「敵味方の別なく」ということへのこだわりは消えて、かわりに「平和の礎」が静かに語る声が聞こえるような気持ちが深くなった。

――戦争とは人のいのちが無残に殺されることだ。遺された近親者には敗者の側にも勝者の側にも同じ悲しみしか残らない。

人は、日常生活の煩いや手掛けた仕事の煩雑さに埋没して、本来のいのちのありようを見つめる目がくもりがちだ。しかし、「平和の礎」はそれを許さない。くもりのない目で見つめれば、もっといたはずの朝鮮半島出身者の名前が南北合わせて四六〇余名と極端に少ないことも、沖縄の人びとの名前がおびただしい数にのぼることも、アルファベットで刻まれた名前さえ万の数にのぼることも、北海道から九州、朝鮮半島、台湾という広範囲の人びとがこの地に果てたことも、七七年前の戦争と帝国日本のありようをまざまざと物語っていることがわかる。

そしてまた、この礎の前で執り行われる式典で演説する人は、人のいのちの何を見ているのか、何が見えていないのか、あるいは見えていないふりをしているのかが見えてくる。

それはまるで水に浮かべた紙に謎めいて浮かび上がる文字のようだ。見ようとすれば見える、聴こうとすれば聞こえる。そして、見ようとしない姿も聴こうとしない姿も、如実に浮かび上がらせてしまう。

「平和の礎」を通して表された「沖縄の心」とは、この水のようなものだと私は感じる。静寂な水面に一ひらの紙片を浮かべて訪れた人の心のありようを映してみせる。水を湛えた淵は深く、荒々しい音は立てないが、常に永遠の願いを囁いている。「人であることの意味を深く考えてほしい」と。その願いが水文字を浮かび上がらせる媒体であるかのように。

沖縄の心を「寛容」や「やさしさ」で言い表すのはたやすいが、人のいのちをないがしろにする者を決して許さない強い意志に裏打ちされていることを見逃してはならないと、私は強く思う。

5　二四万人の名前

さまざまな思いを感じながら、私はアルファベットで名前が刻まれたエリアに向かった。そしてデイル・マーリン・ハンセンさんとアルバート・アーネスト・シュワブさんの名を確認した。大島さんの本にはシュワブさんの年齢は書いてなかったが、上等兵だったということは、二等兵で二二歳のハンセンさんよりは少し年上だったかもしれない。いずれにせよかけがえのないいのちを散らしたことに違いはない。

大島さんによれば、時折、アメリカ軍の海兵隊のグループがガイド付きでこの地を訪れるとのことだ。ガイドはハンセンさんやシュワブさんの名前の前で何を話すのだろうか。日本兵を一五人斃して、名誉の戦死を遂げ、叙勲されて基地に名をとどめた、というのだろうか。この二人の名前もそのほかのアルファベットの名前群も、戦功を讃えるために刻まれたのではないことは誰でも感得できるが、この場全体が静かに物語っている人としての深い悲しみや、反戦平和の訴えをガイドはどう説明するのだろうか。自分が語ることばの本質的な矛盾とどう折り合いをつけるのか、聞いてみたい気がする。

否応なしに矛盾が浮き彫りにされ、語る者が自らを問われる。「なんと見事な」と、私は、水に浮かべたやわらかな色調の紙片を想いながら、沖縄の心の大きな表現力の裏にひそむ微妙な政治性に感じ入るのだった。

私の身内の誰かが沖縄で戦死していれば、その人の名は、アルファベットの名前を刻んだ石板と同じ側の、もっと海寄りの碑に刻まれることになる。私には思い当たる人はいないが、子どもの頃のふるさとの佇まいを思い浮かべながら、出身県のエリアに向かった。

ここに名前を刻まれた同郷の人びとはいつこの島に渡ったのだろうか。もしアメリカ軍上陸の数か月前ならば、耳が引きちぎれそうに感じるくらい冷たい風が吹くふるさとの冬との違いに驚いたろうか。戦争がどんどん激しさを増す中でも、それまで見たこともない真っ赤な花に目をやる心のゆとりはあっただろうか。

一人ひとりの名前を見ながら思った。ここに名前を刻まれた六〇〇名余りの兵士たちの誰かは、子どものころ同じ教室で学んだ私の同級生の父親だったかもしれない。もし、その父親が同級生の誕生以前に出征していれば、同級生は父親の顔を知らないし、ぎりぎり終戦の年に召集されたとしても、顔は覚えていないだろう。同級生はその後の人生をどんなふうに歩んだろうか。「お父さんて呼んでみたい」という「さとうきび畑」の一節が心に沁みた。

私には、ここに刻まれた二四万を超す名前の中に、たった一人、誰の父親かわかる名前がある。その人の名を求めて、香川県の地域へ向かった。そして、その名を見落とさないように、一つひとつの名前に目を凝らした。

「あった!」と私は心の中で叫んだ。

大島初夫

私のバーチャル案内人、大島和典さんの父の名前だ。大島初夫さんの戦死公報が届いたとき、和典さんは国民学校の三年生、下には幼い妹がいたそうだ。三三歳の大島初夫さんは、妻とまだ少年の息子と出征後に生まれた娘を残して逝った。どれほど心残りだったろうか。「天皇陛下、万歳」なんて叫ぶはずがない。

私が大島初夫さんの名前を目にした途端、その名の向こう側で、かすかに人影が動いたように感じた。そして、その声なき影がフッと息を吸い込んだように私には感じられた。

私も大きく息を吸った。その息が、ひたすら帰りを待っていた少年を想う父親の息吹となることを願った。影が少し濃さを増したように感じた。

大島和典さんは何度もこの名前を撫でたことだろう。私は遠慮して、少し外れたところに指を置いて空を見上げた。
大島初夫さん、このやわらかな薄青の空が見えますか。

［注］

1 「平和の礎」建設基本計画書、平成五年一〇月、沖縄県
2 『沖縄のこころ——沖縄戦と私』六頁
3 『沖縄平和ネットワーク大島和典の歩く見る考える沖縄』二頁
4 同右、五九頁
5 「南東文化第一八号」一三三—一四八頁
6 沖縄国際大学南東文化研究所紀要「南東文化」第一八号、一四二頁
7 前掲3、五二頁
8 同右、五五頁
9 『無意識の植民地主義　日本人の米軍基地と沖縄人』一五頁
10 沖縄国際大学南東文化研究所紀要「南東文化」第一八号、一三六頁
11 同右
12 『〈戦後五〇年〉あらためて不戦でいこう！』三五頁
13 同右、三六頁

14 同右、三五頁
15 同右
16 同右

第二章　ひめゆり平和祈念資料館で

1　戦争は突然始まる

「朝鮮でまた戦争が始まったんだと」と祖母と母が話し合っているのを、私はかたわらで聞いた記憶がある。二人ともとても暗い表情をしていた。日本の敗戦から丸五年になろうとしている時期で、私は小学校に入学したばかりだった。

私の住む街でも、太平洋戦争の傷跡は子どもの目にもそれとわかる形で残っていた。街なかにある大きな教会の屋根が空襲のためにすっぽり焼け落ちていて、長いことそのままになっていたし、鉄道のガード下では、白装束の男性が、アコーディオンを弾いたり軍歌を歌ったりしていた。「傷痍軍人」ということばを私はそのとき覚えた。

私個人に関していえば、やがてやってくる冬に、学校に着てゆくオーバーコートを母が街中探しまわってくれたことを思い出す。物が不足していたから、着るものも簡単には手にはいらなかった。

進駐軍の払い下げの服を売る店で、子ども用のオーバーコートが店先に吊されていたと、母の女学校時代の友だちが教えてくれたので、母と二人でその店へ行った。青い色をした暖かそうなコートだった。

「この色はロイヤルブルーっていうんだよ」と母が教えてくれた。敵性語を誰はばかることなく口にできるのがうれしかったのか、好きな色だったのか、母の楽しそうに笑った顔が今も目に浮かぶ。

「今はだぶだぶだけど、いまに丁度よくなるから」と母は言ったが、丁度よくなるどころか、私はコートのポケットにはいっていた共布を袖に足して、小学校の高学年になるまでそれを着た。最後の年には、パッドのはいった肩から私の肩の線がはみ出していた。

朝鮮戦争勃発から三年後、日本では「ひめゆりの塔」という映画が上映され、大評判となった。私のまわりの大人たちは戦争を思い出したくなかったらしく、誰も見に行かなかったから、私はポスターを見ただけだったが、ヒメユリという花の名と、香川京子という、何とはなしに美しいイメージを想わせる名前だけを記憶した。

その俳優、香川京子さんが九〇歳になる今でも俳優を続けているとは何と素晴らしいことだろう。二〇二二年は沖縄の日本復帰五〇周年あたるというので、新聞ではいろいろな特集が組まれたが、香川さんへのインタビューもその一つだった。

香川さんは終戦のときは一三歳で、茨城県に疎開していたそうだ。下校時には、他の子どもたちと一緒にのんびり歌を歌いながら家に帰ったという。八年後にひめゆり学徒隊の学徒役で「ひめゆりの塔」に出演することになり、台本を読んで大きなショックを受けたと語る。

「沖縄では自分と年の違わない女学生たちが、こんな目にあっていたのだと、そのとき初めて知った。この映画は絶対に撮らなくちゃいけない、という使命感が生まれました」[1]と香川さんはインタビューに答えている。

沖縄戦の惨状をこの映画を通して初めて知ったのは、香川さんだけではないようだ。「戦時中、沖縄で起きたことを、本土は知らされていなかったんです」[2]と香川さんは言う。

ちなみにいえば、沖縄戦について終戦直後の本土の人びとに全く情報がなかったわけではない。終戦から二年後の一九四七年には『沖縄の最後』（古川成実《しげみ》著、中央社）が出版され、発行部数は「たちまち」一〇万部を超えたとのことだ。[3]

著者の古川成実は一九四九年には『死生の門——沖縄戦秘録』（中央社）を出版、また、別の著者、宮永次雄《つぐお》による『沖縄俘虜記』（雄鶏社、一九四九年）も出版された。

加えて、一九四九年九月から、雑誌『令女界』に沖縄出身の石野径一郎作の『ひめゆりの塔』が連載され、翌年には単行本として『ひめゆりの塔』（山雅房）が出版された。

これに対して、沖縄では、本土で出版される沖縄戦の戦記や小説類に違和感を抱いた人びとが、住民側の視点で沖縄戦を記述しようと『鉄の暴風』（沖縄タイムス社、一九五〇年）、『沖縄の悲劇――姫百合の塔をめぐる人々の手記』（仲宗根政善《せいぜん》著、華頂書房、一九五一年）、『沖縄健児隊』（大田昌秀・外間守善《ほかましゅぜん》共著、日本出版協同、一九五三年）などを刊行した。[4]

このように「ひめゆりの塔」上映前にも、沖縄戦の情報は、実態に十分に沿ってはいなかったかもしれないがあるにはあった。しかし、戦争が終わって一〇年もしない時期ならば、日常生活を立て直すのに追われていただろう庶民にとっては、読書に割ける時間や心身のゆとりがあったかどうか、はなはだ疑問だ。

それに、私のまわりの大人たちが、朝鮮でまた戦争が起きたことをあれほど暗い表情で話していたことを考え合わせれば、戦争のことは思い出したくないのもまた人情だろう。まさしく、香川さんがいうように、映画をとおしてひめゆり学徒たちの経験の一端を知った人は多かったのではないかと思う。

香川さんはその後もひめゆり学徒だった女性たちと交流を重ねて沖縄戦と向き合ってきた。香川さんへのインタビューは次のようなことばでしめくくられている。

以前、若い方から「なぜ戦争を止められなかったのか」と聞かれたことがあります。でも、戦争って突然始まるんです。そして、なかなか終わらない。ロシアのウクライナ侵攻がまさにそうですよね。

「戦争は突然始まる」という感覚は、沖縄戦に関しては、住民も戦場に駆り出された若者たちも等しく体験した実感だったのかもしれない。のちに沖縄県知事を務めた大田昌秀さんは、次のように書いている。

嘘みたいな話だが、わたしたちは、(アメリカ軍の…著者注)上陸前日まで、敵の大軍が、現実に沖縄を狙って肉迫しているとは、本気に考えていなかった。「米軍上陸ノ公算大ナリ」といった情報がなかったわけではない。しかし、事がこれほど切迫した事態だとは、まるで知らされていなかったのである。[5]

このとき大田さんは沖縄師範学校の本科二年への進級を目前にしていた。勉強したい一心で生まれ故郷の久米島から出てきたのに、「朝から晩まで壕だけ掘らされて、勉強する機会は全くなかった」と書いている。[6]

大田さんの説明によれば、壕は首里城の地下三〇メートルのところを、兵士と学生が共同でトンネル状に掘ったもので、沖縄守備軍の司令部があり、一〇〇〇名ぐらいの兵士が入っていた。これとは別に、師範学校の職員と学生は司令部から二、三〇〇メートル離れたところに師範壕を作り上げ、その壕は留魂壕と名づけられた。

一九四五年三月三一日の夕刻、軍司令部の命令で、沖縄師範学校男子部の教官と学生たちはこの留魂壕の前面広場に集合した。耳にしたのは、「本日只今から全員、鉄血勤皇隊として軍に徴せられた」ということばだった。[7] そこに居合わせた教官二十数名と学生三八七名の運命は、「一瞬のうちに決まった」と大田さんは書く。[8]

当時、この師範学校には四八二名の学生が在籍していた。そのうち、徴兵年齢の引き下げによって七五名はすでに現地入隊していた。病気その他の理由で召集されなかった二〇名を除き、師範学校男子部の学生は、この日で全員が徴兵されたことになる。

このとき大田さんは一九歳、あと三か月足らずではたちになるところだった。師範学校からは予科二年生から本科二年生までの生徒が動員されたというから、[9] まだ一五、六歳の、少年と青年の境のような若者もいただろう。それらの若者たちは軍事訓練は受けていたが、実戦の経験はもちろんない。戦争とは、訓練とは大違いの残虐なものだ。軍に動員された少女たちが隠れていた壕めがけて空からガソリンタンクと焼夷弾が同時に投下され、少女たちが逃げ場を失って黒焦げになっていくさまを、助けるすべもなく目撃することになる[10]などとは思ってもみなかったろう。

鉄血勤皇隊結成の命を受けた師範隊は、留魂壕前での訓示が終わったのち、すぐさま自分たちの壕に戻り、役割分担による隊編成を行った。それから若者たちは支給されたばかりの軍服を着てみるのだった。

その場面を想像すると、いよいよ戦場に出ていくことになった緊張や不安や高揚感が伝わってくるようだ。大田さんの話では、長袖、長ズボンの学生服の上から半袖半袴の軍服を試着する学生もいたという。[11] 本音はこのままずっと学校の制服を着ていたかったろう。戦争でなければ、彼らは修学旅行中の現代高校生と同じような雰囲気を醸し出すことだってあり得たかもしれない。何かの拍子に枕投げに興じて笑い声を立てる場面さえ想像できる青春只中の若者たちだった。

2 その朝、海は敵艦船で埋めつくされた

戦争は突然始まるといっても、アメリカ軍上陸前に、沖縄が戦争の恐怖を体験しなかったわけではない。一九四四年一〇月一〇日に奄美大島以南の南西諸島の島々が激しい空襲に襲われた。延べ一三九六機にのぼる爆撃機が投入され、朝七時から夕刻四時近くまで五次に渡る大空襲だった。[12]

最初三回の空襲は、約一時間おきに長ければ八〇分、短くても四五分続き、飛行場や港湾施設、軍事施設などが破壊された。そして、第三次空襲が終了した一〇分後に始まった第四次の空襲では那覇市内が徹底的に攻撃された。学校や市役所など大きな建物を目標に爆弾が投下され、ついで街なかにも爆弾、機銃弾、焼夷弾が落とされたので大火災が発生した。

第五次の空襲はさらに攻撃力を増し、那覇市内の猛火は周辺部にまで広がり、空襲は午後四

時前には終わったが、火は夜通し燃え続けた。その結果、那覇市の九〇パーセントが壊滅し、市民約五万人が罹災して本島の中南部へ避難した。[13]

大田昌秀さんが入学した師範学校は首里市にあった。首里市は、戦後は那覇市に統合されたが、当時は人口一万七〇〇〇人強、那覇市に次いで沖縄県第二の都市だった。

この一〇・一〇空襲での首里市の被害は、那覇市に比べれば軽微なものだったが、[14]空襲を受けた結果、日本軍はより強度な壕と展望のきく場所を求めて、司令部を南風原《はえばる》や読谷《よみたん》から首里市に移した。[15]それにより、一九四四年一二月には首里城地下の壕掘削が始まり、師範学校男子部の学生や首里市民が動員された。

那覇市の空襲被害の様子は、学生たちも耳にはしていたかもしれないが、アメリカ軍が上陸し、地上でも同じように容赦のない殺戮を繰り広げるという危機感とは結びつかなかったのかもしれない。大田さんが「嘘みたいな話だが」というように、一九四五年三月三一日夕刻までの段階では、まだその危機感は学生たちにとって現実のものではなかった。

しかし、支給された軍服に初めて袖を通し、緊張、不安、高揚その他もろもろの複雑な感情がないまぜになってまんじりともせずに一夜を過ごした若者たちが、翌朝目にしたのは「本当の戦いの始まり」だった。

首里城地下の壕を出て物見台から西北の方向に目をやると、東シナ海に面する嘉手納、北谷《ちゃたん》の海浜が望める。物見台に立った大田さんたちの目に、「アッと息をのむ[16]」光景が飛び込んできた。おびただしい数のアメリカ軍の艦船が海面を埋め尽くしていたのだ。その艦船から絶え間なく放たれる援護射撃砲弾を受けながら、朝もやの中を、上陸用の船が次から次へ、白い航跡を残して嘉手納や北谷から上陸していた。

これに対し、日本軍からの反撃は何もなかった。日頃、「水際決戦」を公言していたにもかかわらず、味方の陣営からは「一発の銃声さえ」聞こえなかった。[17]

のちの世の目で見れば、この光景は沖縄が「捨て石」にされたことが誰の目にも明らかになった瞬間だったのかもしれない。戦時における天皇直属の最高統帥機関である大本営は、沖縄にアメリカ軍が上陸した場合には、「皇土」特に「帝国本土」を確保するために持久戦に持ち込み沖縄に足止めさせて、できるだけアメリカ軍に打撃を与える計画だったことが、一九四五年一月二〇日に決定された「帝国陸海軍作戦計画大綱」から読み取れる。[18]

この大綱の内容に立ち入る前に、事ここに至るまでの歴史を簡単にふり返ってみる。

太平洋戦争は、日本時間で一九四一年一二月八日未明に大日本帝国海軍がハワイの真珠湾を攻撃して始まった。

日本の連合艦隊司令長官山本五十六が、この戦争は長引けば勝ち目はないと思っていたことは有名な話だ。真珠湾攻撃は成功したものの、その時にはアメリカ軍の航空母艦（空母）はハワイを離れていたので、アメリカの戦力に決定的な打撃を与えることはできなかった。山本はアメリカ軍の飛行場がある北太平洋上のミッドウェー島を攻撃すれば、その空母をおびき寄せることができると考えて、一九四二年六月にミッドウェー海戦に打って出た。

しかし、原因はさまざまあろうが、結果としてこの作戦は成功せず、真珠湾攻撃以来の戦勝ムードにかげりが見え始める転機となった。

さらに二年後の一九四四年六月一九日から二日間にわたって戦われた西太平洋のマリアナ沖海戦で、日本はアメリカに大敗し、第一次世界大戦後から日本の委任統治領だったサイパン、テニアンなどの島々を失った。

この頃までには航続距離が長く爆弾の搭載量も大きい爆撃機B–29を開発していたアメリカ軍は、マリアナ沖海戦の勝利により占領したテニアン、サイパン、及び、日本軍から奪回したグアムに爆撃基地を建設した。こうして日本本土の六六都市はこれらの島々から発進したB–29により空襲を受け、広島・長崎への原爆投下による犠牲者を含めて、約五一万人がいのちを落とす惨禍に見舞われた。[19]

戦況に暗雲が垂れこめる一九四五年一月、本土決戦もあり得るとして決定したのが前述の「帝国陸海軍作戦計画大綱」だった。

この大綱を読むと、日本軍が守ろうとしたのは、国民のいのちではなく皇土、すなわち天皇が治める国土であり、その中でも「帝国本土」であったことがわかる。どの範囲が「帝国本土」であるか大綱自体には明示されていないが、南西諸島や台湾、上海、その他いくつかの地域が帝国本土と並列で記載されていることから判断すれば、それらの地域は帝国本土には含まれていなかったということになる。[20]

沖縄には南西諸島と台湾地域の作戦を担務する第十方面軍に隷属する第三二軍が一九四四年三月に創設された。同年六月のマリアナ沖での大敗を受けて第三二軍に課せられた任務は、航空決戦準備とそのための飛行場確保だった。

ところが、大本営は同年一〇月のレイテ沖決戦準備のために、第三二軍の兵力の一部をその方面へ配置換えとした。戦力が減少した第三二軍は、大本営の航空決戦とは異なる地上持久戦を目指すようになる。

しかし、いざ、一九四五年三月にアメリカ軍の攻撃が始まると、「大本営の作戦介入によって第三二軍は動揺を続け、持久戦に徹することができないままに戦力を消耗し」[21]、五月下旬には本島南端への撤退を決断するに至った。

南下した第三二軍のその後は、前章に記述したとおり、六月二三日前後に多くの一般住民を巻き込み、美しい海を血の色に変えて、摩文仁の丘で組織的抵抗の終焉を迎えた。

3　鉄血勤皇隊とひめゆり学徒隊

第三二軍がこの戦争に巻き込んだのは成人の住民ばかりではなかった。はたち未満の、勉学途上にある少年少女たちをもこの戦場に連れ出したのだった。

一九四四年二月、日本政府は「決戦非常措置要綱」を決定し、中等学校程度以上の生徒を、戦争準備に必要な勤務に動員できるように体制を整えた。[22] それにより、沖縄では、大人たちにまじって各学校の生徒たちが、「飛行場や陣地づくりに動員された。また、下級生男子生徒に対しては通信訓練、上級生女子生徒に対しては看護訓練が課された。前述したとおり、大田昌秀さんたち師範学校男子部の生徒たちは、一九四五年三月になると、首里城地下の第三二軍司令部壕の掘削に従事し、同月三一日夕刻に鉄血勤皇隊への入隊が決定づけられたのだった。そのときの生徒と教師合わせて四一〇名のうち五七・三パーセントにあたる二三五名が、この沖縄戦でいのちを落とした。

もちろん、鉄血勤皇隊には他の男子校生も動員されたし、勤皇隊が組織される以前に軍隊に召集された十代の少年たちもいたから、戦死した沖縄少年の数がこの数字だけではないことは言うまでもない。[23]

一方、看護訓練を受けた女子生徒たちは、実戦が始まると陸軍病院や野戦病院に配属されて任務についた。その仕事内容は負傷兵の飲食の世話、下の世話、汚物の廃棄、手術の手伝いなどだったが、目玉や腸が飛び出すなど[24]負傷兵の凄惨な姿を目の当たりにしたり、手術中は負傷兵の手足を押さえて助手を務めたりするなど、心身共に負荷のかかる激務だった。

また、切断した手足の処理や亡くなった人の埋葬も女子生徒たちに課された仕事であり、その任務を果たすためには壕の外に出なければならず、砲弾が飛び交う中では命がけの仕事だった。

戦後、「ひめゆり学徒隊」と呼ばれるようになった女子学徒隊は、沖縄師範学校女子部一五七名と県立第一高等女学校六五名の一五歳から一九歳の生徒及び教師一八名で構成されていた。[25]両校は同じ校舎で学んだが、勉学目的の違う両校の親和をはかるために、昭和の初めに校友会誌「姫百合」を創刊したのが両校を表す愛称「ひめゆり」のはじまりだった。[26]

総勢二四〇名のひめゆり学徒隊は、アメリカ軍が慶良間諸島に迫っている時期に、学校から五キロほど南の第三二軍直属の陸軍病院に配属された。アメリカ軍は三月二六日に阿嘉島に上陸し、四月一日には本島に上陸した。日に日に激しくなる戦闘状況の中で、ひめゆり学徒たちが体験した陸軍病院内の様子は次のように描かれている。

沖縄陸軍病院は、兵隊のための病院で、南風原《はえばる》の小高い丘にありました。丘には四〇近い壕が掘られ、その中に粗末な二段ベッドが並んでいました。米軍との戦闘が激しくなると、壕は重傷の患者でいっぱいになりました。暗い壕の中は、じめじめして暑く、むせるほどの悪臭で、患者のうめき声や叫び声が絶えませんでした。水がほしくて尿を飲む人、痛みと空腹で当たりちらす人、傷口のウジ虫を取ってくれと訴える人、脳症で幻覚を見て暴れる人がいました。患者の多くは十分な治療も受けられずに、次々と死んでいきました。[27]

患者も生徒たちも、食事は最初は朝夕二回、テニスボールぐらいのおにぎりが一個配られたが、しまいにはピンポン球ぐらいのおにぎりが一日一個になった。[28]

そのような激務に耐えてふた月後、アメリカ軍が首里に迫り、南に撤退して持久戦に持ち込む決断をした日本軍は、ひめゆり学徒隊を含めて中南部に配置した男女の学徒隊を南へ移動させた。「大雨と砲撃の中、歩ける負傷兵を連れ、傷ついた学友を担架に乗せ、南部へと向かった。歩くことのできない重症の患者は、青酸カリを与え自決を強要したり、モルヒネ液を注射したりして処置された。死にきれなかった患者の中には銃殺された者もいた。撤退の途中、米軍の攻撃で命を落とした学徒もいた」と沖縄史は伝える。[29]

ひめゆり学徒隊と陸軍病院関係者は現在の糸満市伊原にたどり着き、いくつかの壕にわかれて避難した。医療器具や薬品もなく、もはや医療活動はできない状態だった。

日本軍の南部撤退は六月初旬には完了したが、そのころからアメリカ軍の南部への攻撃が激しくなり、壕の中に避難している人びとに対しても、投降の呼びかけに応じなければ手榴弾が投げ込まれた。ひめゆり学徒隊が避難した壕も攻撃された。その中でも第三外科壕の犠牲者の数が一番多かったのは、その壕が壺状の形をしていたからかもしれない、とガイドの大島和典さんは言う。[30]

大島さんの説明によれば、ガマと呼ばれる自然壕に投げ込まれた手榴弾は黄燐弾と考えられるとのことだ。黄燐弾は爆発すると、催涙性、窒息性の白煙が出るという。

別の病院壕に避難していて助かったひめゆり学徒隊員の証言では、その隊員がはいったガマは下に水が流れており空気の流通もあったので、白煙をやりすごすことができたそうだ。第三外科壕は壺状だったために、三回の手榴弾攻撃を受けて、白煙がこもり窒息死に至ったのかもしれない。

第三外科壕には病院関係者や軍人、住民合せて約一〇〇名が入っていたが、手榴弾攻撃で亡くなったのは八五名にのぼり、ひめゆりの生徒三八名と教師四名も含まれていた。

戦後間もない一九四六年四月、このガマのそばに素朴な感じのする慰霊碑、「ひめゆりの塔」を建てたのは金城《きんじょう》和信《わしん》さんだ。金城さんはこのガマで次女の貞子さんを亡くした。

金城さんは首里城の西に位置する真和志村《まわしそん》の出身だったが、終戦時は摩文仁付近に収容されていた。アメリカ軍は捕虜となった島民が元の住居に直接戻ることは許可せず、村単位で収容先を決め、その集団を統括する「村長」を任命した。

真和志村の村長に任命された金城さんがまず始めたのは、周辺に放置されたままになっている遺骨の収集だった。アメリカ軍は遺骨収集や慰霊塔建立は反米思想、軍国主義思想につながるという理由で難色を示したが、金城さんが粘り強く交渉して了承をとりつけた。[31]

実際の遺骨収集作業には、金城さん夫妻だけでなく、真和志村の人びとや付近の村人が参加した。

遺骨収集に何日かかったかはわからないが、収集した遺骨は三万五〇〇〇柱にのぼった。その遺骨を、沖縄本島の南端、米須海岸を見下ろす崖の上の、大きく窪んだ穴の中に積み重ねて入れ、いっぱいになったのち、周りをアメリカ軍に掛け合って手に入れたセメントや鉄骨、ベッドの廃材などで囲んでまたいっぱいにして土をかぶせ、その上に「魂魄」と刻んだ石を載せた。この手づくりの塔が沖縄県民にとっては事実上の慰霊塔になっていると大島ガイドは言う。[32]

「魂」も「魄」もたましいの意味だが、「魄」は、辞書によれば、「この世にとどまるたましい」のことだ。「魂魄の塔」は、すでにあの世に渡った霊とまだこの世をさまよっている霊の両方を慰める塔と考えることもできるが、「魂魄」とは平和を守るために鬼ともなる魂のことだと父親から教わったのは、前沖縄県知事の翁長雄志さんだ。この「魂魄」の石碑の裏には、父助静《じょせい》さんの歌が刻まれている。

　　和魂《にぎたま》となりてしづもるおくつきのみ床の上を渡る潮風

助静さんは戦争の最終盤、自身の父親とともに摩文仁付近にいたという。艦砲射撃による猛火を逃れて、喜屋武岬付近に移動して小休憩をとったときに、突然、アメリカ軍の砲撃を受け、目の前で父親が亡くなった。

おそらく助静さんはそののち金城さんと同じ収容所に収容され、ともに遺骨収集をしたのだろう。「魂魄」のふた文字は助静さんが進言し、それを受けて金城さんが揮毫した、と翁長雄志さんは書く。[33]

「和魂」とは平和を信じ安らかに眠る霊魂の意だと、助静さんが「魂魄」の意味とともに語ったとのことだ。助静さんの歌には、戦場で無残に死んでいった人びとを悼む思いはもちろんのことだが、目の前で亡くなっても埋葬がかなわなかった父親の御霊に対する深い祈りがあったことと想像する。父の遺骨はついに見つからなかったという。

「魂魄の塔」が出来上がったのは一九四六年二月末、それからふた月のうちに、同じ人びとがひめゆりの塔を建立した。第三外科壕では、翁長雄志さんの叔母も一六歳の若さでいのちを奪われた。[34]

ひめゆり学徒隊全二四〇名のうち、この戦争でいのちを落としたのは五六・六パーセントにあたる一三六名だった。生き残った学徒たちが中心となってひめゆり同窓会を結成し、戦争体験や戦争の実相を語り継ぐ場としてひめゆり平和祈念資料館を設立したのは、四〇年余りのちの一九八九年六月のことだ。

4　本当の戦場と少女たち

私は平和祈念公園を訪れたその足で再び路線バスに乗って、ひめゆり資料館へ向かった。ここでもバスを降りたのは私ひとりだったが、駐車場には何台か乗用車が止まっていた。

入口付近に花屋さんがあれば、花を買ってひめゆりの女性たちに捧げたいと思っていたが、あいにく花屋さんは閉まっていた。それでよかったのかもしれない。私は花を捧げるだけで、片づけに戻ってこられるわけではないから、と自分に言い聞かせながら第三外科壕跡に向かった。

壕の前には柵がめぐらされていて、そこから先へは行けなかった。もし壕内見学が許されていたとしても、私は中にはいれたかどうかわからない。地面から下り気味のところに黒々と空いた大きな洞穴を目にした途端に、砲弾の炸裂音の中、血を流しうめき声をあげながら担架で運び込まれる兵士たちや、緊張した面持ちで看護にあたる乙女たちの姿が目に浮かんできて、足がすくむ思いがしたのだ——実際には、もうそこでは医療活動はできなかったのだが。

資料館の入口で入館料を払い、一歩左手に進もうとした私の目に、壁一面に掛けられた生徒たちの集合写真が飛び込んできて、私は息をのんだ。そこには学び舎の制服を着て朗らかに笑う顔、顔、顔があった。

この写真の中の少女たちは沖縄の師範学校女子部と県立第一高等女学校の生徒たちだが、この写真撮影からわずか一五年後、私は別の地方の県立女子高の一年生だった。しかも私が通った校舎の前身は女子師範学校の校舎だった。私には、この写真の中の女学生たちと同じように、胸の校章が目立つ紺の制服を着て——写真はモノクロだから色はわからないが、紺に違いない

——楽し気に笑っている集合写真が何枚もある。私は目の前の生徒たちの中に自分もいるような錯覚にとらわれた。

少女たちの集合写真には次のような説明文が添えられていた。

「戦争はいつも身近にあったのに、本当の戦場の姿を知らなかったわたしたち。」

そして、右の文言よりももっと詳細に少女たちの無垢な姿が描かれた英文にも私はしばしば見入った。

As students, we were surrounded by the war, but it never felt like reality. We never knew the terror of war, the irreplaceability of life and the incalculable value of peace until we went through the Battle of Okinawa.

写真は一九四四年三月の修了式のときに撮られたものだ。その時期はすでに日本の敗戦色はかなり濃厚になっていたはずだが、「戦争は身近にあったけれど戦場の本当の姿をまだ知らない」ことを如実に物語る笑顔が胸に痛い。戦争の最後のとき、この健康そうな笑顔は全く消えていただろうか。それとも、消えかかりながらも、何かの際にはふと笑う機会があっただろうか。半袖半袴を学校の制服の上から着てみた鉄血勤皇隊の少年たちも、こんなふうに笑っただろうか。

私は資料館の入口を入った最初の一歩から、さまざまな思いに心を揺さぶられたが、気をしっかりもてと自分を励ましながら各展示室を見て回った。

最初の展示室では、戦争の怖さをまだ知らない時代、すなわち元気に勉学、スポーツ、寮生活を満喫していた時代の生徒たちの様子を伝えていた。校舎の窓から何人もの生徒がこちらを見て笑っている写真があった。「ああ、私にもこれと同じような構図の写真がある」と、またしても自分がそこにいるような気持ちになった。

次の部屋ではひめゆり学徒隊に動員された少女たちがどんな仕事に従事していたか、その次の部屋では、大日本帝国の負け戦の中で、軍による解散命令を受けて無防備のままで戦場に放り出されてしまった少女たちの惨状が、戦況の経過とともに説明されていた。

第三外科壕に黄燐弾が投げ込まれたのは、解散命令が出された翌朝のことだ。当時一五歳だった女性がそのときの様子を次のように証言する。

六月十九日未明、突然壕入り口で人声がしたのです。

「敵が来ている」

と言っています。みんなしーんと固くなり、かたずを飲んでいました。恐ろしいほどの静けさでした。私は友達の背中に顔を隠しました。その時いきなり何か壕に投げ込まれました。岩に当たって、ぱっと青い火花が散りました。前にいた兵隊の上着の上に広がりぎらぎら光っていました。

「黄燐弾だ。早く上着を脱げ。皮膚まで腐れるぞ」

と誰かが叫びました。兵隊は慌てて上着を脱ぎ捨てていました。また同じのが投げ込まれ、青い火花はそこら一面に飛び散りました。三回目はカーンと大きな金属音が響き渡り、転がり込んで来た筒の先から白い煙がもうもうと吹き出したのですよ。そして、あっという間に一寸先も見えなくなってしまったのです。

「ガスだ」

と兵隊たちが叫んだので、いよいよ大騒ぎになりましたね。

「ハンカチに水筒の水を浸してマスクしろ」と言う誰かの声で、大勢が必死に一つの水筒を奪い合いました。次第に息が苦しくなってくるので、手探りで外に逃れようとみんなから離れたのです。

そしたら、「素《つね》ちゃん」と誰かが私の名を呼んで、足にしがみついたのです。動けなくなってもたもたしているうちに、手足がしびれ次第に身体の感覚もなくなっていったのです。朦朧とした意識の中で、東風平恵位《こちんだけいい》先生が歌う声や
「先生」「お父さん」「お母さん」

と呼ぶ声、級友の名を呼ぶ叫び声などを、まるで夢かなんかのように聞きながら、倒れたところまでは記憶にあります。[35]

この女性、城間《しろま》（旧姓金城《きんじょう》）素子《つねこ》さんは何時間後かに息を吹き返した。倒れたときにとがった岩に打ちつけたらしく、大腿部が真っ黒に腫れ上がっていた。城間さんは次のように証言を続ける。

死体が転がっている中を両手に力を入れ、痛い足をひきずって、生存者の集まっている所まで行きました。学友三人と私、それに負傷兵一人が生き残っていました。死体は真っ黒に膨れ上がり、大きな蛆がわき出て、死臭はとても耐えられませんでした。夜、しーんと静まりかえってきますと、蛆が死体の中からわき出る音が、ジャクジャクジャクと聞えてくるのですよ。暗闇の中で、グッグッ、グッグッと、まるで物が煮えたぎるような音も出すのですよ。

同じ壕内で襲撃された別のひめゆり学徒の証言によれば、東風平先生が歌ったのは「海ゆかば」で、そのあとすぐにパーンという大きな音がしたから自決したのだろうとのことだ。この女性は一寸先も見えない白煙の中で水が見つからなかったので、排尿してタオルを湿らせたという。

このような戦場の阿鼻地獄を、意図せず体験させられてしまった少女たちの恐怖、悲しみ、苦しみは、一時的には正気を保つのも難しいくらい大きなものだったに違いないと想像するが、それらの少女たちを引率した教師たちの苦悩もまた深いものがあったのではないだろうか。

県内で女子学徒として動員されたのは約五〇〇名だが、引率教師がついたのはひめゆり学徒隊だけだった。他の高等女学校の生徒たちは卒業予定者だったので、「軍属」という形で動員された。しかし、ひめゆり学徒たちの六四パーセントが在校生だったために引率教師が必要だったのではないかと『沖縄史』は想像する。[36]

動員されたのは生徒二二二名と教師一八名だから、単純に計算して生徒一二、三名に対して教師一名がついたことになる。自分以外のいのちを預かるということは、単に生き死にだけの問題ではない、その人の人生を預かるということであり、教師であれば、それぞれの未来の輝きに貢献しようとの思いは強かっただろう。しかし今、この戦場では、その未来を断つか断たぬかの選択すら迫られる立場に立たされたのだ。

教師たちは複数の手りゅう弾を所持していたと思われる。一つには若い生徒たちが早まったことをしないように、との配慮があったのではないだろうか。生徒たちがもっていた手りゅう弾を全部預かったようなのだ。だから、壕の中に黄燐弾が投げ込まれたときに、生徒たちは苦しみもがきながら先生の名を呼び、「殺して、殺して」と叫んだのだ。東風平先生の自決は――もし自決したのであれば――そのような切羽詰まった果ての決断だったのであろうか。今となっては知る由もない。

しかし、宮城《みやぎ》（旧姓兼城《かねしろ》）喜久子さんの証言からは、教師の苦悩も娘たちの恐怖や驚愕も日本兵、アメリカ兵の狂気も現実のものとして如実に伝わってくる。

宮城さんは当時一六歳、一高女四年生で第三二軍司令部の経理部に配属されていた。解散命令が出たために、級友や教師たちと南へ逃げた。途中、戦車に追われて即死した級友を道ばたに残し、何度も路上の死体につまずきながら必死に走った。

アダンは南国特有の常緑樹で根元から葉が密集して繁るので身を隠すには都合が良かったが、アメリカ軍はその林を火炎放射器で焼きはらった。海岸では近くまでアメリカの軍艦が寄ってきて、マイクを通して投降を促した。

宮城さんたちは火炎放射器の炎に追われ、投降を促す不気味な放送に震えながら、やっとのことで喜屋武岬の海岸まで逃げた。引き潮のときは海岸を歩き、満ち潮になったら岸壁にへばりつくようにして移動した。

一行は精も根もつき果てて、ここで自決しようと話し合った。そして引率の教師を「早くやりましょう」と急きたてた。教師は一一名の運命を託されている責任感と悲壮感でいらだっているように宮城さんには見えた。

宮城さんは、もう最期だから、と傍らの三人とともに海に向かって歌を歌った。

うさぎおいしかのやま

だがそれは歌声にならなかった。ひとりが「お母さんに会いたい。もう一度、弾の落ちない青空の下で大手を振って歩きたい」と言い、それを聞いて、一五、六歳の少女たちはみな、泣き崩れてしまったのだ。

六月二一日、組織的沖縄戦が終焉を迎える二日前の朝のことだ。宮城さんは級友と教師とともに岩にもたれて座っていた。他の仲間たち九人はすぐそばの岩穴に隠れたが、満杯で三人は入れなかったのだ。

投降を呼びかける放送が鳴り響いた。すると、日本兵が一人、両手を上げて船に向かって歩き出した。その背中めがけて、別の日本兵が発砲した。撃たれた兵士は血の海に浮かんだ。

咳一つ聞えない不気味な沈黙が続いたが、「敵だ」という叫び声が起こると同時に、引率の教師は九名の生徒が入っている穴に飛び込んだ。宮城さんと級友は隣の穴に逃げた。そこには別の引率教師とそのグループが入っていた。

そこに突然アメリカ兵が現れて、自動小銃を乱射した。四名が即死、二名が重傷を負った。

宮城さんと級友は仲間のいる穴に駆け寄った。そこで見たのは朱に染まった地面に倒れている一〇人の姿だった。

平良先生は腸《はらわた》が全部出て、真ん中にうつ伏せになっていました。三年生が一番酷い様子で判別できないくらいでした。比嘉三津子《ひがみつこ》さんと瀬良垣《せらがき》えみさんはちょっと離れて死んでいました。普天間千代子《ふてんまちよこ》さんが、ウーン、ウーンと言って息を引き取りました。四年生はみんなきれいな姿で残っていましたが顔面のあっちこっちにぽつんぽつんと穴があいていました。

私は立ちすくんで、もう声も出ません。最期の場面はほんとに惨《むご》いものでした。一瞬の出来事で四名が即死。一〇名が自決です。地獄そのものでした。[37]

第三二軍は沖縄守備軍とも呼ばれていた。軍隊用語に慣れない私の感覚では、「守備軍」と聞けば、本土の中枢から遠く離れた地域とそこに住む人びとを守るために創設された軍隊であると勘違いする。当時の用語では、「守備軍」イコール「前線基地」が常識だったのだろうか。次のようなひめゆり学徒の証言に接すると、いつかは日本軍が助けに来てくれると信じていた人は、少女たちばかりでなく、大人たちの中にもいたのではないかと思われてくる。

その少女は一七歳で、宮城さんと同じく第三二軍司令部の経理部に配属されていた。六月二二日になって、投降勧告にしたがって教師たちと一緒に壕を出ることになった。女たちは――たぶん、アメリカ兵の乱暴から身を守るために、と筆者は想像するが――鍋のすすを顔に塗りつけて、緊張しながら外に出たという。

アメリカ兵は真っ赤な顔に青い目がぎょろっと光り、服も汚れ、人相も悪く、非常に恐ろしくて顔を上げられませんでした。

身体検査の最中、どこからかピューと弾が飛んできて、アメリカ兵は大慌てでした。まだ友軍はいるんだ、いつかは助けにくるんだと思っていました。[38]

私は健康な娘だった私自身と重なる表情をした少女たちの、時代と社会と権力と暴力に翻弄された運命を、可能な限りの想像力を駆使して心の中に再現しようと努めた。

だいぶ時間が経ってから、私はようやくしんと静まりかえった「鎮魂の部屋」にたどり着いた。その部屋の壁には、ひめゆり学徒隊に動員されて犠牲になった教師と生徒たち一人ひとりの肖像写真が掛けられていた。そして写真の下には、名前や年齢などのほかに、どんな人柄だったかが短い文章で書き添えられていた。

私は一人ひとりの写真に見入った。四人目ぐらいの少女に目を凝らしていたときに、入口から高校生と思われる少年三人が勢いよくはいってきた。それまで深淵そのもののようだった雰囲気に急に活気の泡がポコポコと湧きだしたように感じられた。

「オレ、これ」と私の真ん中に立った少年が言った。

「オレはこっちだな」と左手に立った少年がすかさず合いの手を入れた。

三番目の少年はためらっている様子だった。

私には少年たちの背中しか見えなかったから、しかとはわからないが、彼らは自分好みの顔立ちをした少女の写真を指差したのだろう。お前、こういうのがいいのか、とか、三番目の少年に選択を迫って笑う最初の少年の声が聞こえていた。

私は不意に目頭が熱くなった。

この部屋に写真を飾られた少女たちには、あの人がいい、この人が素敵と言い合って笑い転げる青春はなかったのだ。長い人生から見れば、青春とはまことに一瞬の輝き、あってもなくてもいいようなものだが、陽の光を浴びて輝く白いシャツの袖とそこから出ている日焼けした腕を目にしたときに感じたときめきは、忘れがたい生涯の思い出になることだってあるのだ。ああ、この少女たちには、「そののちの人生」もなかったのだ……と私の心にはいろいろな思いが一瞬にして渦巻いた。

私の前に立った元気な少年は、初めて背後に人がいることに気がついたのか、後ろを振り返った。そして急に言葉少なになり、やがて三人揃ってそそくさと部屋を出ていった。

少年は私の泣きそうな顔を見ただろうか。私は相手の顔を見なかったからわからないが、心の中では少年に話しかけていた。

急に黙ってしまったあなたをいい人だなって思ったよ。どうぞ青春を満喫してね。そしていつかこの日のことを思い出してね。その日があなたの本当の平和学習の始まりになるかもしれないから。

［注］

1 朝日新聞夕刊　二〇二二・六・二三
2 同右
3 『沖縄現代史　米国統治、本土復帰から「オール沖縄」まで』三五頁
4 以上の出版情報は同右、三五―三七頁
5 『沖縄のこころ――沖縄戦と私』一四頁
6 『沖縄　平和の礎』八〇頁
7 前掲5、一六頁
8 同右
9 『沖縄県史　各論編六　沖縄戦』三四四頁
10 前掲6、八二頁
11 前掲5、一八頁
12 前掲9、一七三頁
13 同右、一七四頁
14 同右、一七五頁

15 同右、一七八頁

16 前掲5、一九頁

17 同右、一〇頁

18 『戦史叢書　本土決戦準備〈一〉―関東の防衛―』一七五―一八一頁「皇土要域ニ於ケル作戦」の第四項に以下の文言がある。「皇土防衛ノ為縦深作戦遂行上ノ（一ム）沖縄本島以南ノ南西諸島、臺灣及上海附近トシ之ヲ確保ス

右前縁地帯ノ一部ニ於テ状況真ニ止ムヲ得ス敵ノ上陸ヲ見ル場合ニ於テモ極力敵ノ出血消耗ヲ図リ且敵航空基盤造成ヲ妨害ス」

19 世界大百科辞典八

20 この作戦計画大綱に基づいて、皇土確保にあたる内地防衛軍の作戦地域の境界は津軽海峡以南、北緯三〇度一〇分以北と明示された。その境界外の南西諸島及び台湾の作戦は第十方面軍が担務した。

21 前掲9、四一頁

22 同右、三四〇頁

23 同右、三四四頁。動員された生徒数は男子約一五〇〇人、女子約五〇〇人。

24 同右、三四九頁参照

25 同右、三四三―三四四頁（師範女子一六―一九歳、一高女一五―一六歳）

26 『ひめゆり平和祈念資料館ガイドブック　展示と証言』一二頁

27 同右、四七頁

28 同右、五五頁

29 前掲9、三五〇頁
30 『沖縄平和ネットワーク大島和典の歩く見る考える沖縄』三一―三六頁参照
31 同右、九三頁
32 同右、九二頁
33 『戦う民意』一五一頁
34 同右、一五〇頁
35 前掲26、S-四二頁-S-四三頁
36 前掲9、三四五頁
37 前掲26、S-五六
38 前掲26、S-七七

第三章　嘉数高台で考える

1　普天間飛行場を望む

沖縄滞在三日目に私はモノレールとバスを乗り継いで本島中部にある嘉数高台《かかずたかだい》に向かった。そこは沖縄戦激戦の地で、唯一アメリカ軍の一日の死傷者数が日本軍のそれを上回った戦いとして記録が残る場所だ[1]。今はその高台からアメリカ軍の普天間飛行場が望める。

「嘉数」というバス停に降り立った私は、嘉数高台はどちらの方向ですか、と運転手さんに尋ねた。「あちらの方です」とその方角を指差した運転手さんは、「スマホを持っていますか」と私に聞いた。「はい」と答えると、「なら、大丈夫ですね」と笑顔を見せてバスを発車させた。

実をいえば、私はスマホ一年生、わずか数か月前に手に入れたばかりで、電話とメールと目覚まししか使えない。「なら、大丈夫ですね」が何を意味するのかわからない私は、たちまち、そのまま平地を行くのか、歩道橋の階段をのぼるのかの岐路に立たされた。

高台というからには上へ行くのだろうと思い、まずは階段をのぼってみた。が、どこにも標識や案内板が見当たらない。この道でいいのだろうかと思いながら歩いていると、お昼のお弁当を売る常設屋台のような感じの店舗が見えてきた。中で女性が二人、楽しげに会話を交わしながら立ち働いていたので、「ちょっとお尋ねします」と声をかけた。二人同時に振り向いて、明るい笑顔を見せた。高台への道順を聞く私に、一人がお弁当を並べるカウンターまで近づいてきて、この道をまっすぐ行って、二番目の信号を左へ行けば着きます、と教えてくれた。「道路工事をしているところだからすぐわかりますよ」という元気な声に送られて私は歩き出した。

道順がわかって辺りを見回すゆとりが出てきた私の目に、「沖縄の名前」とわかる苗字の表札をかけた家が映った。その隣も、そのまた隣も同じ苗字だ。私の住む地域で同じような現象を見かければ、ああ、ご先祖さまはこの辺りの大地主だったんだな、と思うが、沖縄でも同じだろうか。

信号を左手に曲がったところで、犬を連れた年配の男性に出会った。私はもう一度、「嘉数高台へはこの道でいいですか」と尋ねた。私のことばを聞き終わるやいなや、後ろを振り向いて、「すぐそこや。この道を行ったらいい」と坂道を指した。さっきの女性もこの男性も、見知らぬ道を歩くこちらの不安をバシッと抱きしめて力強く押し出してくれる感じがありがたかった。

高台に着くと、すでに一五、六人の人が集まっていた。他にお揃いの黄色いハッピを着た男女も何人かいた。観光客とガイドの組み合わせのように思われた。私はその人たちの脇をすり抜けて、三層になった高台の最上階へと階段をのぼった。

「飛行場ではいろんな音がするけど、一〇分や二〇分ぐらいいただけでは何もわからない」と助言してくれる人がいたので、私は朝早く宿を発ち、高台に着いたのは九時前だった。これならどんなに長居をしても、帰りのバスの時間を気にする必要はない。

私が普天間飛行場を見たいと思ったのは、国が地元住民の反対を押し切って、辺野古への基地移設を強行しようとしているからだ。地元住民は沖縄に新しい基地は造らせない、辺野古の美しい海を汚すな、いまだ沖縄戦で犠牲になった人々の遺骨が眠っているかもしれない土砂を使うなどもってのほか、という。それに対して国は辺野古移設だけが唯一の現実的な解決策だという。この状況を、一五〇〇キロ離れた地で見たり読んだりしている私は、問題の元凶である普天間飛行場をこの目で見なければ、何も地に足のついた思考はできないと感じたのだ。

三階の手すりにもたれて普天間飛行場を見下ろすと、駐機場に悪名高きオスプレイ機が何台か止まっているのが見えた。「動かないオスプレイの形は大きな洗濯バサミみたいだな」とあらぬことを想った。

飛行場の周りは建物が密集しているが、その建物の中には沖縄国際大学も含まれている。大学一号館に訓練中のヘリコプターがコントロールを失って接触し、墜落炎上したのは二〇〇四年八月のことだ。乗員も大学側も、人命にかかわる事故には至らなかったが、周辺住民も含めて、あわや大惨事になりかねない日本国内で起こった事故にもかかわらず、日本に捜査権がないことを私たちは改めて思い知らされた。

建物に囲まれた楕円形の地面を上から見ているうちに、私は飛行場ではなく運動場を見下ろしているような錯覚にとらわれた。私が通った小学校の校庭もこんなふうに小さな楕円形だったな、と思ったのだ。

私が小学生のころはレジャーシートなどというしゃれたものはなかったから、運動会ともなれば、各家庭の大人たちは心づくしのお弁当の他に、ゴザやムシロを持って子どもたちを応援に来た。徒競走用に楕円に描かれた白線に沿って、学年、クラスごとに子どもたちが座り、その後ろに大人たちが座った。私の母校は比較的規模の小さな学校だったが、それでも一年から六年までの生徒と、後ろに陣取って声を限りに応援する大人たちの様子を上から見れば、今、私が目にしている光景と同じように、小さな楕円の地面を取り囲んで、人々の暮らしの営みが濃密に感じられる雰囲気を醸し出していたことだろう。幸せに満ちた光景か、何かしら心塞がれる光景かの違いはあるが……。

2　世界一危険な飛行場

この普天間飛行場を二〇〇三年一一月に視察したアメリカのラムズフェルド国防長官は、人々の暮らしが密集するさまを見て、「世界一危険な飛行場」と評して驚きを表したそうだ。

「驚いている場合ではないんじゃないでしょうか、ラムズフェルドさん」と私は天を仰いで、亡き人に呼びかけた。私にはアメリカの恥の象徴に見えます、と。

普天間基地所属のヘリコプターは、日本人が生活する地域の上空は自由に飛び回るが、アメリカ軍関係者の住宅がある地域の上空は飛行しない、と前沖縄県知事の翁長雄志さんが述べている。[2]

翁長さんは二〇一四年に防衛省沖縄防衛局が公表した飛行航跡集約図を根拠にして話しているのだが、その図には、普天間基地所属のヘリコプターが周辺の住宅地や繁華街の上空を飛び回っているにもかかわらず、米軍用の住宅地域の上空だけはまったく飛行していないことが示されているそうだ。

「アメリカの法律では、米軍機が住宅街を低空飛行することは厳重に規制されています。それを海外の自国民においても適用しているのです。しかし、それはあくまで自国民のみで、日本人は埒外《らちがい》なのです」と翁長さんは言う。[3]

“Isn't this unfair ?” と言ったら、ラムズフェルドさんは何と答えるだろうか。

私がかつて短期間だがアメリカ社会に身を置いた経験からいえば、アメリカの良識ある一般人にとって fairness（公正であること）は行動規範の根幹だった。“Fair enough.”とか“That's unfair.”ということばを私は何度も耳にした。それはちょうど、良識ある日本人が対人関係において「誠実であること」をとても大切にしているのに似ていると私は感じた。もちろん、誠実への意識は強く持っていても、損得勘定をして、私たちが誠実ではない行動をとることはしばしばあるように、アメリカ人にとっても必ずしも理想と現実は同じではないと思うが。

アメリカ人がフェアであることの対象を自国内及び外国における自国民に限るのであれば、平等な人権を国是とする民主主義の国アメリカが泣く。太平洋の遙かかなたの国で、アメリカ人の unfairness がまかりとおっていると知ったら、良識あるアメリカ人は恥と思わないだろうか。

普天間基地所属のヘリコプターが引き起こした事故は、沖縄国際大学の一件だけではない。どんなミスがあったのか、飛行中のヘリコプターから機体の一部や部品が、日本人が暮らす地域に落下する事故は過去に何度も起きている。「世界一」かどうかはわからないが、危険極まりない飛行場であることはまちがいない。

それは人びとが飛行場のまわりに密集して暮らすからだ、というのは、不当な言いがかりだと私は思う。

戦前のこのあたり一帯は宜野湾村《ぎのわんそん》と呼ばれ、約一万四〇〇〇人の人びとが北の普天間から南の嘉数まで二〇あまりの集落で暮らしていた。中央部には沖縄本島北部と首里を結ぶ街道が通り、西側には軽便鉄道が走るという、沖縄本島中部の政治、経済、教育、交通の要衝だった。主な産業は農業であり、台地や丘陵地ではサトウキビやイモなどの畑作物が栽培され、西側の海岸沿いでは豊富な湧き水を利用して稲が栽培された。[4]

太平洋戦争中のアメリカ軍がこの地域に飛行場を建設して、上陸日から数えて七六日後に航空部隊を配置するという計画は、一九四五年一月に決定されたアイスバーグ作戦に明示されている。[5]（余談だが、南の島を攻略する作戦名が「氷山」と知ったときは、戦争の残忍冷酷さを思い、身が凍るような気がした。）

この作戦の目的は、南西諸島に軍事基地を確立すること、東シナ海から中国沿岸及び揚子江流域にわたる海空通信の安全性を確保すること、そして日本本土に軍事的圧力をかけることにあった。[6]

第二章で述べたように、一九四五年四月一日に、首里城の師範壕から外に出た大田昌秀さんは、海を埋め尽くす無数の軍艦に護られながら、アメリカ軍の上陸船が次から次へ読谷・嘉手納・北谷の海岸から上陸していくのを目にした。

なぜ読谷や嘉手納だったのか。それはそこに日本軍の飛行場があったからだ。読谷飛行場

（通称：北飛行場）は一九四三年の夏に建設され、嘉手納の屋良飛行場（通称：中飛行場）は四四年に建設された。その年には浦添《うらそえ》に南飛行場、西原《にしはら》に東飛行場も建設された。

一九四四年は、航空決戦準備とそのための飛行場確保の任務を負った第三二軍が沖縄に配置された年であり、いわば飛行場の建設ラッシュだった。住民を動員しての労働は過酷であり、賃金も空手形のようなケースが多く、地主への借地料支払いもあって無きがごとき状態だった。[7]

こうして住民の苦しみや忍耐の上に一六の地域に建設された飛行場は、結局のところ、日本軍のために活用されることはなかった。[8] その年の一〇・一〇空襲によって主要な飛行場は破壊されたし、北飛行場と中飛行場は四五年四月一日に上陸したアメリカ軍が、ほぼ無抵抗状態の中でその日のうちに占領してしまった。

普天間飛行場は日本軍によって建設されたものではない。先に述べたように、宜野湾村は畑と水田が広がる農村地帯であり、中央部の街道沿いには琉球松の大木が生い茂っていた。しかし、嘉数高台やその周辺一帯での激闘が二二日間も続き、松の大木はほとんど失われ、「嘉数周辺はまるで採石場のような光景となった」。[9]

アメリカ軍は避難壕に身を隠していた住民たちを村内北部の民家に収容する一方で、各地域に残存する無人の民家を焼き払い、本土攻撃のための軍事基地建設用地を確保していった。[10]

戦争が終わっても、村民は元の居住地にすぐには戻れなかった。占領軍によってあちらこちらの収容所を移動させられたが、その間に、自分たちの土地が軍事基地用地になったり、わずかに残された居住地に他の誰かが住みついたり、という現実が各地に見られた。

宜野湾村民に帰還が許されたのは、一九四六年四月の普天間地区が最初だったが[11]、一九四九年五月の時点では、宜野湾村二二の集落のうち、一五はアメリカ軍に接収されており、村民八三〇〇人余りが、戦前の村への定住がかなわなかった[12]。

普天間飛行場は、占領の時点ではアメリカ陸軍工兵隊が本土決戦に備えて直ちに滑走路を建設したが、終戦後、一九五〇年代後半までは空軍の補助飛行場として遊休化しており、周辺住民による立ち入りは「なかば常態化していた」[13]。住民にとっては、飛行場内がもともと自分たちの住居があり、かつ農業に勤しんだ場であり、戦後には、鉄くずなどを拾って生計を立てる場だった。

しかし、一九四八年に、飛行場内での居住や農耕を取り締まるとの通達がアメリカ軍から出され、人びとは飛行場の外に居を移さざるをえなくなった。他の土地を探そうにも、他の土地にはその土地の住民がおり、しかも帰還前に住みついた「先住民」もおり、それらの人びとがわずかに残された農地を分け合い助け合って暮らしていたのだから、宜野湾村の人びとも飛行場周辺に住み続けるしかなかっただろう。こうして飛行場の周りに人びとの住居が密集するというドーナツ型の街の原型が出来上がることとなった。

普天間飛行場は何度か管轄組織の変遷を経て、最終的には、海兵隊飛行場、陸軍補助施設、海兵隊飛行場通信所が統合されて普天間飛行場となり、一九七二年の日本復帰に際してアメリカ軍に提供された[14]。現在は海兵隊太平洋基地司令部が管理する[15]。

嘉数高台三階の手すりにもたれながら楕円形の地面とそれを取り囲む建物群を見下ろす私の胸にさまざまな思いが浮かんでくる。

交戦中ならば、敵国の民間人が所有する土地を、所有者の許可なく自国の目的にかなうように造りかえることは許されるのだろうか。それは山賊行為ではないのか。戦時には、力ある者は何をしてもいいという論理がまかり通るのだろうか。

百歩譲って、敵を降伏させるための必要悪だったと考えてみる。だが、それでもその後の行為はアイスバーグ作戦の目的とは相容れない。アメリカ軍の目的は日本本土に軍事的圧力をかけることだった。日本の敗戦によってその必要はなくなったのだから、その時点でアメリカは村民から奪ったものは村民に返すべきではなかったのか。「民のものは民に返す」のが正義ではないのか。眼下にひしめく建物群はアメリカの不正義の象徴ではないのか。

アメリカ軍は戦争が終わってからも、「銃剣とブルドーザー」と表現されるように、いのちにも等しい農地を奪われまいと抵抗する農民たちを武力で脅し、有無をいわさず耕作地を破壊して基地を拡張した。それはもはや日本軍にかかわることではなく、「軍事基地」の意味が変容したということだ。

そのころには朝鮮戦争が勃発し、やがて東西冷戦が深刻化した。このような時期にアメリカが自国兵に多大な犠牲を払わせて手に入れたオキナワを手放すはずがない。

ふと、アイスバーグ作戦の目的第一項を思い浮かべる。「南西諸島に軍事基地を確立すること」。

この項目は、やがて世界に暗雲が広がる東西冷戦を見据えての準備だったのだろうか。アイスバーグ作戦が決定されたのは一九四五年一月、東西冷戦の始まりといわれるヤルタ会談[16]は第二次世界大戦末期の同年二月。奇妙に時期が近い。ヤルタのみならず、その一年余り前に行われたテヘラン会談でも、東西の首脳は顔を合わせている。互いの腹の探り合いをするチャンスはいくらでもあったろう。

もし南西諸島を占領することが、その後の世界制覇を視野に入れてのことだったのなら、沖縄でのあの凄まじい戦い[17]は自国民向けに宣伝された「正義の戦争」でも「民主主義を守るための戦い」でもなく、れっきとした侵略戦争だったのではないか。

普天間飛行場は、一九七二年の日本復帰の際にアメリカに提供されたが、日本国政府に提供主としての資格はあったのだろうか。その土地は、本来農民の所有地だったものをアメリカ軍が戦時中に無理矢理奪ったのだ。一九五二年にサンフランシスコ講和条約が発効して、「〝平時〟の私有財産の接収に当たっては〝正当〟な法的手続きを経て契約し、〝適正〟な補償を行う必要[18]」が生じた。なるべく安い借地料での無期限保持を狙うアメリカと耕作地を失うまいとする農民の間で激しい闘争と弾圧が続いた末に、一九五八年末までには地主と琉球政府間の

「間接契約方式」をとることで一応の決着をみた。そして日本復帰後は、「日本政府が安保条約・日米地位協定に基づき土地を提供するので」[19]日本国政府が借地代を負担することになった。

この経緯に鑑みれば、地主は依然として民間人ということになる。ならば、「民のものは民に返す」よう要求することが、日本国政府のすべきことだったのではないか。

事実、琉球政府の屋良朝苗主席は、沖縄国会といわれた一九七一年秋の臨時国会に提出すべく、アメリカ軍基地撤去を含む「即時無条件全面返還」を求める建議書を携えて上京した。しかし、衆議院沖縄返還協定特別委員会は紛糾し、強行採決され、建議書が検討されることはなかった。[20]

3　沖縄返還と密約

一九七二年五月、いよいよ「沖縄返還」の日を迎えて、日本武道館と那覇市民会館をテレビ中継して記念式典がとり行われた。

東京の会場では、「沖縄返還」の立役者、佐藤栄作首相が、「これからは本土と沖縄はともによろこびを分かち合う」と高らかに謳いあげた。

それに対し、那覇の会場では屋良主席が次のように述べた。

「復帰の内容をみますと、必ずしも私どもの切なる願望が入れられたとはいえないことも事実であります。〔中略〕したがって私どもにとってこれからもなお厳しさは続き、新しい困難に直面するかもしれません」[21]。

そして那覇市民会館に隣接する与儀公園では、この「返還」の実態に抗議して、打倒佐藤内閣県民集会が開かれた。その集会で、長年祖国復帰のために尽力した喜屋武真栄《きゃんしんえい》参議院議員は、「いま、鉛のような気持ちでここに立っている。復帰の実現のために闘ってきたが、このような結果になったことについて苦悩する一人だ」と挨拶した[22]。

何ということだろう。日本武道館と那覇市民会館で行われた式典はテレビ中継されたのだから、それぞれの会場から伝わる「返還」に対する温度差は歴然としていたはずなのに、それに気づかず、ただただ「これでやっと祖国に帰れる」と喜んでいた人びとに強い衝撃を受けた二八歳の私は、よほどのうつけ者だったということなのだろうか。

あの、抱き合わんばかりに喜んでいたオジサンたちは誰だったのだろう。まわりに大勢人がいるような気配がしていたからには、与儀公園で撮影されたのかもしれない。テレビ局は政府に都合の良い画像を電波に乗せたということなのだろうか。

きっとその両方だろう。

しかし、いかにうつけ者でも、私は西山太吉という名前を今日に至るまでしっかり記憶している。そして、あれは何だったのだろうかと時々思う。

西山さんは毎日新聞政治部のトップ記者だった。七一年秋の沖縄国会では、沖縄の基地撤去を求める野党に返還交渉のやり直しを迫られた佐藤首相は、沖縄の返還は「核抜き、本土なみ」と何度も繰り返した。「密約はない」とも断言した。

しかし、西山さんはその時すでに、密約があることを証明する外務省の極秘電信文のコピーを手に入れていた。その文書には、アメリカが支払うべき軍用地復元費用四〇〇万ドルを日本が肩代わりするという内容が記されていた。

西山さんはその文書の存在を直接公表することはできなかった。なぜならば、西山さんが外務省のどの課に足繁く出入りしていたかは誰もが知るところだったから、電信文のコピーを入手していることを公表すれば、すぐにも情報源はつきとめられてしまう。情報源を守るのはジャーナリストの基本のキだから、西山さんは肩代わりを匂わせる間接的な記事しか書けなかった。

沖縄返還協定は一九七一年六月に正式に調印されたが、西山さんには沖縄返還が本当に沖縄の人たちのためになるのかという根本的疑念と、政権末期における佐藤首相の横暴さに対する怒りがあった。[23]

密約に関して直接的な記事が書けない西山さんは、この案件が国会で議論されれば、密約の全容が明らかになるだろうし、結果的に佐藤首相の横暴に終止符を打つことができるかもしれないと考えた。そこで、情報源を守るように念押しして後輩記者を通じ、情報提供者と何ら接点のない野党議員に資料を渡した。[24]

ところが、その議員は情報源を守ることに関して認識が甘かったのか、資料をそのままの形で政府側に提示した。

結果的に情報源はつきとめられ、外務省の女性事務官と西山さんが逮捕された――私は長い間、文書のコピーを見ただけで、どうして情報提供者が突きとめられたのかと思っていたが、文書には決済印が押してあったとのことだ。[25] それならば、西山さんが手に入れたのはどの段階の文書かは一目瞭然だったろう。

西山さんに対する起訴状を新聞で読んだときのびっくり仰天を私はまざまざと思い出すことができる。その起訴状には、西山さんが女性事務官と「ひそかに情を通じ」、その関係を利用して外務省の秘密文書を手に入れた、と書いてあった。

「えっ、情を通じって、姦通罪があった時代の文言じゃないの？」と私は心の中で叫んだ。「不義密通！」などと大げさに騒ぎ立てている眉の濃い、目の大きな文楽人形のかしらさえ目に浮かんできた。

罪は国家公務員法違反と書いてあった。国家公務員ではない新聞記者をこの法律で裁くことができるのだろうか、との違和感もあった。

西山さんの裁判は一審は無罪、二審は有罪、事件が発覚してから六年後の一九七八年に最高裁で有罪が確定した。この間、佐藤政権も外務官僚も密約の存在を一貫して否定し続けた。

私たち国民は、あれほど密約はないと言い続けた佐藤首相のウソを前にして、あっと驚いたのも束の間、あれよあれよという間に、この事件は男女のスキャンダルに仕立て上げられた。男が女をたぶらかして勤め先の秘密文書を持ってこさせた、という構図で、題して「外務省機密文書漏洩事件」。

私は「漏洩」という見出しを週刊誌で何度も見た。来る日も来る日もテレビのワイドショーで「不倫関係」が取り上げられた記憶もある。要するにあのとき問題になったのは、外務省の秘密が外部に洩れた、という事実であり、西山さんの文書入手法に不正があったということだった。

しかし、「情を通じ」などという扇情的な文言に踊らされずに冷静に判断すれば、あの事件は「国家による国民に対する背信事件」として大見出しで報道されるべき事案だったはずだ。そうなっていれば、あの時点での沖縄と本土の温度差も、もっとはっきりした形で一般国民に伝わったのではなかったろうか。それができなかったのは、問題のすり替えにやっきとなった国家権力の力が絶大だったということなのか、それを許した国民の側の批判力が弱いということなのか。

これもおそらく両方だろう。批判力の弱い私たちは今もって、官僚による公文書改ざんや政治家の国民に対する背信疑惑をいかんともできずに無力感を味わう立場に甘んじている。

沖縄返還に関するもう一方の当事国アメリカでは、二五年間の秘密指定が解かれた公文書が開示された。朝日新聞記者が、アメリカの情報公開法に基づいて沖縄返還関連の情報公開を請求したところ、二〇〇〇年一月に密約中の密約と思われる文書がアメリカの国務省東アジア・太平洋局に保管されているとの回答を得た。

発端は佐藤首相の「密使」としてキッシンジャー大統領補佐官と一対一で核問題に関する交渉に当たった若泉敬氏が一九九四年に刊行した『他策ナカリシヲ信ゼムト欲ス』にある。その著書の中で若泉氏は、一九六九年一一月二一日に発表されたニクソン大統領と佐藤首相の沖縄返還共同声明の裏には、両首脳だけが所持する密約文書があることを明らかにした。その文書「一九六九年十一月二十一日発表のニクソン米合衆国大統領と佐藤日本国総理大臣との間の共同声明についての合意議事録」で米国大統領は、日本国に対して次のように要求している。[26]

「日本を含む極東諸国の防衛のため米国が負っている国際的義務を効果的に遂行するために、重大な緊急事態が生じた際には、米国政府は、日本国政府と事前協議を行なった上で、核兵器を沖縄に再び持ち込むこと、及び沖縄を通過する権利が認められることを必要とするであろう。かかる事前協議においては、米国政府は好意的回答を期待するものである。さらに、米国政府は、沖縄に現存する核兵器の貯蔵地、すなわち、嘉手納、那覇、辺野古、並びにナイキ・ハーキュリーズ基地を、何時でも使用できる状態に維持しておき、重大な緊急事態が生じた時には活用できることを必要とする。」

これに対して、日本国総理大臣は次のように応諾している。

「日本国政府は、大統領が述べた前記の重大な緊急事態が生じた際における米国政府の必要を理解して、かかる事前協議が行なわれた場合には、遅滞なくそれらの必要をみたすであろう。」

総理大臣と大統領の共同声明と同じ日付をもつこの「合意議事録」の草稿は、若泉氏とキッシンジャー補佐官が二人だけで作成したものであり、『他策ナカリシヲ信ゼムト欲ス』の口絵には、若泉氏がキッシンジャー氏から手渡された「英文草案」が掲載されている。その文書の左上と二頁目の左下にTOP SECRETの二文字が見える。

朝日新聞は、若泉氏の著書の中にある「合意議事録」の草稿に該当する文書が今も機密扱いのまま、国務省東アジア・太平洋局に保管されていると報道した。[27] これに対して外務省報道官はその日の記者会見で、「密約は存在しておらず、米側に確認するつもりはない」と、これまでと変わりない密約存在否定の態度を表明した。[28]

朝日新聞はさらに、琉球大学の我部政明《がべまさあき》教授と共同で、沖縄返還に至る日米両国政府の交渉の実態と最終結果を詳しく記録した公文書のつづりを入手した、と報道した。[29] その報道によれば、返還当時表に出なかった日本側の「裏負担」は約二億ドルにのぼり、その額の中には、一九七一年に毎日新聞記者の西山さんが国民に知らせようとした「返還土地の原状回復補償費四〇〇万ドル」も含まれていた。

西山さんはすでに毎日新聞社を辞めて故郷に戻っていたが、我部教授らの発見をふまえて二〇〇五年に国家賠償請求訴訟を起こした。しかし、一審で請求棄却、二審で控訴棄却、〇八年に最高裁で上告棄却となり、まるで「門前払い」のような判決が確定した。[30]

同年、西山さんは著名なジャーナリストや作家らとともに、アメリカで公開されている沖縄密約関係公文書に対する日本側の文書の開示を外務省及び財務省に請求した。しかし、一か月後に両省から届いた回答は「文書不存在」だった。西山さんら二五名はこの「不存在」決定の取り消しを求めて、〇九年三月に情報公開訴訟を起こした。

これまで、刑事事件の一審を除きすべての裁判で敗訴した西山さんは言う。

「これまで負けた裁判は『西山 vs.国』というものだった。しかも、問題の本質が隠されてしまった。国はかつて国民に嘘をついて密約を結び、その後も『密約はない』と嘘を重ねてきた。国に嘘を認めさせるには、『国民 vs.国』という図式に転換したほうがいいと考えたんです」[31]

その年の暮れ、東京地裁の証言台に立ったのは、かつて西山さんの刑事裁判のときに密約の存在を否定し、今は九一歳になっている元外務省アメリカ局長の吉野文六さんだった。吉野さんは返還交渉時、日本側の責任者だった。

この日の法廷で吉野さんは、外務省の局長室で密約文書に署名した、と証言した。そして、沖縄返還協定に記されている日本側の支払い金三億二千万ドルの総額は積算根拠のない「つかみ金」で、その中には土地の原状回復費四〇〇万ドルとラジオ放送ＶＯＡの中継局を国外に移転する費用一六〇〇万ドルも含まれていたと明かした。それらの費用は、本来、日本側に支払い義務はなかったが、日本が負担するという密約があったと証言した。[32]
この裁判は、一審は原告勝訴だったが、二審は逆転敗訴、一四年に最高裁が上告棄却して二審判決が確定した。

二〇〇九年に政権政党が変わるまでの日本国政府は、沖縄返還に関して密約があったことを否定し続けたが、二〇〇九年に組閣された民主党、社会民主党、国民新党の連立内閣において、岡田克也外務大臣の指揮により、沖縄返還関連の文書が調査され、密約及び密約に類する文書が省内に存在していた事実が明らかになった。
西山さんらが起こした情報公開訴訟の一審判決が出たのは二〇一〇年四月だったが、その一か月前に公表されたのが、岡田外相指揮による外務省資料調査の結果と有識者委員会の検証結果の報告書だった。有識者委員会は土地の原状回復費について、肩代わりはあったと認定し、当時の吉野アメリカ局長が署名した文書そのものは見つからなかったが、広義の密約にあたるとした。[33]
そのときに併せて公表されたのが、核兵器搭載の疑いのあるアメリカ艦船の寄港・通過を黙認する方針が示された極秘メモだった。それは当時の東郷文彦北米局長が作成したメモで、日付は一九六八年一月二七日となっている。その文書の余白にはメモ内容の説明を受けた大臣名とその日付が記されており、佐藤栄作首相には六八年二月五日に説明したことがわかる。[34]

外務省のウェブサイトによると、佐藤首相は一九六七年一二月の衆議院予算委員会で「非核三原則」を表明した。ということは、右記の東郷メモから判断して、「核を持たず、作らず、持ち込ませず」の三原則は早い時期から空疎なスローガンだったのであり、佐藤首相は十分にそのことを認識していたことになる。

また、核搭載疑惑のあるアメリカ艦船が入港するようなとき、私たち国民は「事前協議がないので核搭載艦船の寄港はない」という政府説明を耳にしたが、これも常に真実に沿った説明とは限らなかったということだろう。

こうしたさまざまな文書や著書やメモなど「動かぬ証拠」が物語るのは、沖縄返還とは、アメリカが要求する緊急時の核持ち込みと基地の自由使用を無条件で受け入れる条件のもとで、多額の裏金を払って実現したのであり、佐藤首相は「非核三原則」や「核抜き本土並み」というめくらましのスローガンを全国民に向かって投げつけた、ということだ。

このような「沖縄返還」を、誰が喜んだのだろうか。

普天間飛行場の移設問題に関しては、二〇〇九年に成立した連立内閣の鳩山由紀夫首相が、政権樹立前の選挙中に「最低でも県外」と公言した。そして首相就任後に県外移設先を模索したが、引き受ける自治体が見つからず、関係閣僚間の意見もまとまらず、移設先の候補にあげた鹿児島県徳之島については、地元の反対はもとより、沖縄からの距離が遠すぎるとの理由でアメリカ側も難色を示し、[35] 結局のところ、公言してから一年もたたずに県外移設方針撤回を表明せざるをえなかった。この内閣の資質だったのか、首相個人の資質だったのか、政治力の弱さと、政治家としてのことばの軽さを印象づけられた成り行きだった。

翻って、二〇一二年に返り咲いた自公連立政権は、今日に至るまで、「辺野古移設が唯一の選択肢」と言い続けている。「唯一の」というからには、全国民が納得するだけの強力な理由が提示されなければならないはずだが、私はまだ提示されたような気がしていない。単に引き受ける自治体が他にないということならば、「唯一の選択肢」ではなく、鳩山政権と同じような政治力の乏しさを露呈しているだけのことではないのか。

二〇二〇年、移設予定地の辺野古では、大浦湾側に軟弱地盤が見つかり、国は工事変更を申請したが、沖縄県は承認しなかった。国は県に対して是正するよう指示したが、その違法性が争われた裁判で二〇二三年、最高裁は国の指示は適法と判断し、沖縄県の敗訴が確定した。

沖縄県は承認手続きをとらなかったので、国は県に代わって承認する「代執行」を行い、二〇二四年の年明けからは中断されていた工事が再開された。

防衛省の発表によると、変更後の計画に基づく工事着手からアメリカ軍への提供手続きが完了するまで一二年かかるという。工事が長引くことだってありうる。今はっきりわかっていることは、アメリカ軍がこれから先も、長期にわたって普天間飛行場を自由に使えるということだ。

もろもろ考えを巡らせているうちに、美しいといわれる辺野古の海が、実はとんでもなく汚い、腐って有毒ガスがポコポコわき出るヘドロが沈む海ではないかという気がしてくる。ヘドロの成分を分析してみれば、庶民の命も魂も票にすり替えるだけの権力餓鬼や、他国の国家主権を踏みにじってもかまわない世界覇欲餓鬼の排泄物が大量に検出されるにちがいない。

4 「命どぅ宝」と阿波根昌鴻《あはごんしょうこう》さん

気がついてみると、私は立ったり座ったりしながら、嘉数高台の三層目に三時間も滞在したのだった。朝、そこまで昇ってくる途中、二層目の物陰にカメラの三脚を据えて駐機場を見つめている人がいたが、その人は私が帰るときもまだそこにいた。

いろいろな音が聞こえると助言されたが、オスプレイに関しては、三種類の音しか聞き分けられなかった。坂下では道路工事の音がずっと続いていたし、高台の真下では公園内の雑草やゴミを吸引する掃除機が、道路工事の音よりも大きな爆音を立てていた。

もっと他にも音はしたかもしれないが、ともかく私はオスプレイが飛び立つときの凄まじい音は耳にした。それは、たとえば劇場で演劇や演奏会の開幕を知らせるときのブザー音、あれを最大音量にして大空に響かせたらこのような音になるのではないだろうか。その音は足もとのゴミ吸引機の爆音を圧倒し、音に「睥睨」はおかしな表現だが、上空、それもそんなに高くない上空を、辺りを睥睨しながら歩く大王様の存在を思わせた。

一一時からの三〇分の間に三機のオスプレイがけたたましいブザー音を立てて離陸した。続いて雷がとどろくような音がした。三機は別々の方向へ飛んだが、機影が見えていない方向からはカラカラと——雪山で遠くの雷鳴を聞くような——乾いた音が聞こえていた。

正確に計ったわけではないが、三〇分に三機ということは平均一〇分間隔でけたたましいブザー音が響くということだ。そしてその合間に遠く近くで大小の雷鳴がすることになる。

私が滞在した三時間の間に、何組もの観光客が、黄色のハッピを着たガイドに引率されて最上階まで昇ってきた。一回の見学人数は十数人ぐらいの集団で、マイクを通した説明が重ならないように、一〇分か一五分ぐらいの間隔でその場を離れ、最上階には常に一組の観光客しかいない仕組みになっているようだった。

ガイドの説明にはマニュアルがあるらしく、全ガイドが同じ内容を同じ順序で説明していた。まず、オスプレイの駐機場とは反対側の東シナ海に浮かぶ島々の説明から始めた。左端に見えるのが慶良間諸島で、アメリカ軍の上陸はその島の一つから始まったと話す。本島への上陸はあの辺りだと、北谷、嘉手納の方向を指し示す。二週間のうちに最北端の離島まで攻め入った戦いの様子を話し、次に南の内陸部へ視線をいざない、軍司令部のあった首里の方角を示しながら、その手前のこの嘉数がいかに激戦の地であったかを説明する。そして、この高台の下には日本軍のトーチカ（重火器を備えた防御陣地）があるから見学するように、と注意を促す。

同じマニュアルを使っていても、聞き手への伝わり方はまちまちで、しっかり自分のことばにして話しているガイドに対しては、観光客のほうも聴き耳を立てている様子がうかがえたし、ガイドになりたてとおぼしき人は、ただただマニュアルを棒読みするだけで、観光客は説明に注意を払わず、仲間内でことばを交わしながら景色を楽しんでいた。中には、マイクの電源が入っていないことに気づかないガイドもいたが、「聞こえません」と注意を促す客は誰もいなかった。

私はガイドの説明を聞くともなしに聞きながら、北の方角に青い影をなす岬を飽きずに眺めた。後ほど地図で確かめると、おそらくそれは読谷村の北にある残波《ざんば》岬だったと思うが、その時点ではまだ沖縄本島の地図がしっかり頭に入っていたわけではなく、海につき出た突端を本《もと》部《ぶ》半島の先端かもしれないと思ったのだ。そして、本部半島なら、その西一〇キロのところに伊江島《いえじま》が見えるはずだが、見えないのはなぜだろうか、と心の中で何度もつぶやいた。

私が伊江島を島影なりとも見たいと思ったのは、そこが阿波根昌鴻《あはごんしょうこう》さんが暮らした島だからだ。阿波根さんは二〇〇二年に九九年の生涯を閉じたが、戦後は一貫して軍用地契約に応じない「反戦地主」として、反戦平和推進のために行動した。その強い意志の根底には、たったひとりの息子を沖縄戦で亡くした「痛惜の思い」[36]がある。

　あの戦争が最後でもう終わりということであれば、これは早く忘れた方が自分のためになる。しかしいま、これまで以上の軍備をし、演習をし、沖縄県民はいろいろな事件や事故にあって、ひどい目にあっている。戦争で死のうが、演習で死のうが、かけがえのない人ひとりの命であることにかわりはない。戦争をするための準備と演習のために殺され、死んでゆくということがなくなるまでは、戦争の悲惨さをいいつづけ、平和のための行動を実践しつづけなければならない。しかも、今度戦争が起きたとしたら、核で地球は全滅。わしらの時代はともかく、次に生まれてくる子どもたちのために、地球を破滅させるようなことをさせてはいかない。すべて命、命あってのことなんだ。命より大事なものは無いんだ。その命が戦争によって、こんなにも奪われてしまった。もう二度とこんなことがあってはいかない。[37]

と語る阿波根さんが著した『命こそ宝　沖縄反戦の心』を、私は沖縄に足を踏み入れる前、「沖縄の心」とは何かと考えを巡らせているときに手にした。

新聞では「沖縄の心」と「命《ぬち》どぅ宝」はセットにして語られることが多いが、もし、「命どぅ宝」が「命こそ宝」という意味ならば、私が五〇年来座右の銘にしている「生きるものの生きるいのちを大切に」の中の「いのち」と意味に違いがあるのだろうか。そして、わざわざ「沖縄の」と但し書きをつけるからには、きっと何かが違うのだろうから、その違いを知りたいと思った。

その違いについて言及する前に、少しだけ道草をして、私の座右の銘について話したい。

私はこの文言を東京郊外の高尾山中に立てられた看板で知った。高尾山は六〇〇メートル足らずの山だが、二〇〇七年にミシュランガイドブックで三つ星にランクされたとかで、近年では海外からの観光客も含めて大勢の人が訪れるようになった。

だが、五〇年前はもっと素朴な山だった。私が見た看板も小学生が作ったものだ。たぶん、その頃の小学校では、まだ木製の机や椅子が使われていたのだろう。そしてその時期に、机の天板や椅子の座面にアルミ製のパイプで脚を取り付けた、もっと軽いものにとって代わられたのかもしれない。件の看板は、廃材となった机の天板を利用して、子供たちが思い思いの文言を彫刻刀で彫り、ペンキを塗って卒業記念作品にしたと私は勝手に想像している。その看板には学校名のほかに六年生であることが明記されていた。個人名があったかどうかは記憶していない。

私はその看板を見たときに、なんと素晴らしいことばだろう！　と感動したのだ。小学生がどのような経緯でその文言を知ったかはわからないが、私にとっては、人ばかりでなく、花も木も鳥も、すべてのものに「生きるいのち」があると心に刻んだ瞬間だった。

阿波根昌鴻さんの『命こそ宝』に話を戻せば、最初のページに次のような琉歌が記されている。

戦《いく》さ世《ゆ》んしまち
みるく世ややがて
嘆くなよ臣下　命《ぬち》どぅ宝[38]

この琉歌は、琉球王朝最後の王、尚泰が一八七九年（明治一二年）に日本政府によって地位を奪われたときに臣下に伝えた歌だといわれている。阿波根さんが記すヤマトことばへの翻訳は次のようなものだ。

「戦世」は終わった
平和な「弥勒世」がやがて来る
嘆くなよ、おまえたち、命こそ宝

阿波根さんは「命どぅ宝」とは実に大事なことばだと語る。「沖縄戦というこの世の地獄を経験し、そして敗戦後の半世紀、ずっと基地反対闘争を闘ってきて、もう九〇歳になるわしが、生涯をかけて伝えたいことばも、またこれであります」[39]と。

琉球史にも琉歌にも不明な私がこのようなことを言うのは不遜だが、私にはこの歌がずいぶんと悠長な感じがするのだ。「戦世は終わった」と言うが、明治政府と琉球王朝との間に武器による戦いがあったわけではない。確かに明治政府は軍隊と警察を派遣して首里城の明け渡しを迫ったが、それは関ヶ原にくり広げられた（と、何度もテレビドラマで見せつけられている）ような血みどろの戦いではなかった。そのことによる王家の人々や臣下たちの屈辱や哀しみや無念の思いは、あくまでも私の力量の範囲内でだが、十分に想像できる。

だが、大量の血が流れたわけではないことを考えると、この歌に歌われた「いのち」とは、「ヤマトによって背負わされた苦難に耐えてでも生きぬけ。そうすれば、いつかはいい世がめぐってくる」という意味での「いのち」だったのだろうか。

それに比べると、阿波根さんが語る「いのち」にはもっと凄まじいものがある。大量の爆弾が使われた両軍の死闘そのものも凄まじかったが、それに加えて身内同士の殺戮も凄惨だった。

「『鬼畜米英』といわれましたからね、わしらは本当にそう思っていた。米軍に生け捕りされたら、耳を切られたり鼻を削がれたり、ひどい目にあわされて最後は殺される、そういう話でしたから、誰でも自分の可愛い息子や娘がそんな目にあったら大変だと思う。だから親がこどもを殺す。子どもは死にたくないから逃げる、それを父親が追いかけていって首を絞めて殺す、鎌で切り殺す。こんな悲惨なことがあちこちでおこった」[40]。

そればかりではない。島内の大きなガマでは一五〇人が集団自決した。何人もの人が断崖から身を投げていのちを絶った[41]。その光景はまさにこの世の地獄そのものだが、阿波根さんはそれを思い出すだけでも気が狂いそうだ、と別の著書に記す。

当時、阿波根さんは伊江島・真謝《まじゃ》で農業を営んでいたが、次のように書く。

> 真謝の農民は、沖縄全体もそうでありますが、戦争のことは語ろうとしません。思い出すだけでも気が狂うほどの苦しみでありました。それと同時に、戦後の土地取り上げで米軍が襲いかかってきた当時のことも、話したがりません。みな、だまっています。真謝の農民はたたかいました。だがそれ以上に、苦しみと犠牲は大きかったのでした。[42]

思い出すだけでも気が狂いそうになる体験をとおして得た「いのちは宝だ」という信念は、もちろん、琉球文化の中に脈々と受け継がれてきた精神を基盤としているではあろうが、阿波根さんが言うように、すさまじい戦争を経験した沖縄全体が大きな沈黙の中に込めた信念だと私は感じる。そして、ああ、その信念が平和祈念公園の中で私に伝わったのだ、と思い当たる。

ひるがえって、私の座右の銘を考えてみる。

沖縄の「命どぅ宝」と私の座右の銘を何度もひき比べているうちに、この二つは重なる部分はもちろんあるが、何かが違う、と思うようになった。何が？　と考え続け、彼岸と此岸の違いに思い至った。

確かに「生きるいのち」を大切に思う瞬間の私は、この世に生きているのであり、その意味では此岸の存在ではあるが、どこかでは「川の向こう」の世界を意識しているように思えるのだ。「祇園精舎の鐘の声」とか「行く河の流れは絶えずして」とかを読んだり聴いたりして育ったせいなのだろうか、私には、彼岸と此岸の区別が曖昧な場合が多々ある。「いのち」というとき、心のどこかでは「永遠のいのち」を意識している。もちろん、いのちは死によって絶たれることは十分承知しているが、どこかで「永遠に死なないいのち」の存在を意識している。

しかし、「命どぅ宝」にはその曖昧さがない。これは彼岸ではなく此岸の話だ、と最初に釘を刺されているような気がする。しかも鳥や花のいのちではなく、人間のいのちの話だ、と。たぶん、人の命の大切さを意識する者は、必然的に生きとし生けるもののいのちを大切に思うであろう。しかし、阿波根さんはじめ沖縄の人々が大きな沈黙の中に封じ込めたのは、人のいのちは無残に失われてはならないという叫びであり、その無残さをもたらすものは時の指導者の愚かさだという、きわめてはっきりした政治的意味が込められていると感じる。

その意味において、「命どぅ宝」は、庶民の命運を握る者と対峙するときの、権力をふるわれる側の明確な意思表明である。私の心にズブリと立てた三本の矢、すなわち、大田昌秀さんの「反戦」「平和」「自治」と何も矛盾しない、「沖縄の心」そのものだと私は理解した。

5　「慣れる」ことと「耐える」こと

私は備え付けの石の椅子に座り込んで、ガイドと観光客が織りなす人間模様を心の中で楽しんだ。やがて一行は潮が引くようにすっかり姿が見えなくなり、公園下と上空の機械音だけが戻ってきた。

そこへ、今度は大学の准教授がゼミの若者二人を引率してきたという風情の男性三人が階段をのぼってきた。一行が最上階へと足を踏み入れた途端に、上空でブザー音がけたたましく鳴り響いた。

「うわっ、すごい音ですね」と若者の一人が思わず声を発した。

「でしょう。初めての人は誰だって驚きますよね」と准教授が言う（私は勝手にアカデミアからの見学集団と決めつけている）。

若者はことばの接ぎ穂を失ったように黙っていた。その沈黙の穴埋めをするつもりなのか、准教授がまた言った。

「ま、土地の人は慣れているんでしょうけど」

そうなのかな、と私は心の中でつぶやいた。土地の人は慣れているんだろうか。

私は、嘉数高台への道順を教えてくれたお弁当屋さんの女性たちを想った。あの人たちは、この、初めて聞く人には驚愕でしかない不気味な騒音に慣れているから、あのように明るく親切な心を平常心として保っていられるのだろうか。

ある医師のことばが私の心によみがえる。

「神経もばかじゃないから」

それは私に対して言われたことばだった。

そのころ私はつま先のしびれに苦しんでいた。最初はつま先だけだったが、歩いているうちにだんだんしびれが上のほうに伝わってきて、膝から下全体にしびれを感じるようになった。時には足が重くて動かなくなることもあった。それだけならしばらく立ち止まりまた歩き出せばよかったが、一番ひどいときには、ちょうど正座したのち立ち上がったときのように、膝から下の感覚がなくなった。

そのしびれがもう一方の足にも出るようになったときに、さすがにこれは危険だと感じて、整形外科を訪れた。そしてついた病名は「脊柱管狭窄症」。

「脊柱管の三番目と四番目（だったか、四番目と五番目だったか）の間がつまっている。これは老化現象だから治らない」

と診察した医師は言った。治らないと言っているのに、医師は薬を処方してくれた。

「とりあえず六週間分出しておきます。それで様子を見てまた来てください」

六週間後に訪れた私に、医師は「どうですか」と尋ねた。

「何も変わりません」と言うと、医師は「うん」とうなずいて四週間分の薬を出してくれた。合計一〇週分の薬を飲んだが症状は改善しなかった。さらに四週分の薬を出そうとする医師に私は尋ねた。この薬は何のための薬ですか、と。

すると医師は突然怒り出してきつい口調でいった。

「あんたは軽症だからその程度ですんでいるんだ。もっと重い人はお手洗いもままならなくなるんだよ。そうなったら手術するしかないんだ。最後は車椅子だよ」

私は面食らった。治らないという病気なのに、何の効果を期待して薬を飲めばいいのかと、素朴な疑問を感じたから質問しただけなのに、なぜこんなに怒られなければならないのだろうか。

今こうして医師のことばを冷静に書き出してみれば、医師は「現状維持のためだ」と言いたかったのかもしれないと思うが、そのときは、「この人は私の症状の本当の原因をわかっていないのではないか」と疑った。

整形外科がだめなら接骨院かと思い、介護士さんたちがよく行くという接骨院に行ってみた。そこでは、「脊柱管狭窄症ではありません、仙腸関節異常です」と言われた。

その接骨院に一年間通って施術を受けた。仙腸関節異常は治りましたと言われたが、つま先のしびれは残った。

脊柱管狭窄症でも仙腸関節異常でもないかもしれないと思いはじめた頃、「下肢閉塞性動脈硬化症」という病気があることを新聞で知った。

その記事には、かのカルーセル麻紀さんの闘病経験が紹介されていた。自転車に乗ってペダルを漕ぎはじめると下肢に激痛があるのだという。しばらく休むとその痛みは治まるとのことだった。

それはまさに私と同じ症状だった。カルーセルさんの「激痛」ということばを「しびれ」に置き換えてみると、確かに私の足の症状そのものだった。私も歩き始めの一キロぐらいが問題なのだ。その間に足が重くなって一、二回立ち止まらざるをえないこともまれではなかった。そして、それが過ぎれば、あとは何事もなかったように、一〇キロでも二〇キロでも歩けるのだ。

そこで私は下肢血管専門医の診察を受けることにした。問診票に私の症状を詳しく記し、整形外科医の説明に納得していない旨も書き添えた。そして下肢血管の専門医ならば全国紙に掲載されたその記事を読んでいるだろうと思ったので、「カルーセル麻紀さんと同じ病気ではないかと思い受診しました」と書き結んだ。

名前を呼ばれて診察室に入ると、医師は面白そうに笑って言った。

「あなたの場合、血管の病気ではありません」

私の問診票を見た医師は、検査が先だと判断して私の両手両足の血圧を測らせたのだ。そのデータを見せながら、「あなたの血流は上肢も下肢も正常です」と言う。

「その整形外科の先生は、説明のしかたはまずかったかもしれないけど、診断は正しかったんじゃないですか」

医師は二種類のパンフレットを用意してくれていた。そして閉塞性動脈硬化症とはどういう病気かや、歩行中に足の痛みやしびれのために歩けなくなるがしばらく休むと再び歩行可能な状態になることを間欠跛行ということ、間欠跛行の原因には神経性と動脈性のものがあり、私の場合は神経性であると考えられることなどを、こちらが恐縮するほどの時間をかけて詳しく説明してくれた。

医師は、私に処方された薬はおそらくこれでしょうと、薬剤名をパンフレットに書き込みつつ期待される効果も説明してくれた。残念ながら神経性の不調の場合は、必ず効くという妙薬はまだ開発されていないということだった。

「僕はそちらの専門ではないので、詳しいことは言えないけど、ただわかっているのは、現在科学的に認められている治療法は運動だけだということです」

そう言いながら医師はまた時間をかけて、なぜ運動が科学的な治療法として認められているのかを説明してくれるのだった。

私が受診したのは一〇年も前のことであり、医師の説明を逐一、正確に覚えているわけではないが、一般に、医師は患者を見ずにコンピュータの画面を見るといわれる時代に、その医師は患者、しかも見当違いの診察室に迷い込んでしまったこの患者の疑問を真正面から受け止めて、聴く者が納得いくように丁寧に説明してくれた。その誠実さと、なぜ運動が必要かを説いたときの医師のことばを深く心に刻んだ。

医師は、体に不調があるときは、運動することによって神経が働いて、どう対応すればよいかを体に覚え込ませるのだ、というようなことを言った。

「神経がこうかな？　こうかな？　といろいろ考えるんですよ」と医師はひょうきんな身振りで神経があれこれ対処法を考える様子を表した。

「神経もばかじゃないから学習するんです」

そのことばが嘉数高台にいる私の心によみがえった。

あのお弁当屋さんの女性たちは、オスプレイ機が発する異様な騒音に自らの穏やかさを崩されまいとして、どれだけの神経を働かせるだろうか。きっとあのブザー音を上回るだけのエネルギーが必要に違いない。その働きは、意識・無意識にかかわらず、当事者にとって大きなストレスになることは想像に難くない。

音ばかりではない。軍用機の機影自体も大きなストレスの原因になるだろうと私は想像する。私がかつて通った大学は、東京の西のはずれにあり、比較的近いところに立川基地があった。まだ新入生だったある日、あかね色に染まる空を、大きな黒い物体となってアメリカの軍用機が上昇していくのを目にした。

その轟音と不気味な機影に驚く私に、「あれはベトナムへ行く飛行機」と傍らの先輩が教えてくれた。実際には、立川から沖縄へ飛び、そこからベトナムへ向かったのだろう。

その後に住んだ地域は、横田基地から飛ぶ飛行機の航路下になっているらしかった。時折、軍用機が轟音を響かせて低空を飛んだ。私の家は小高い丘の上にあったので、公道を歩く人よりはもっと近いところで機影を目にすることになり、この飛行機が落ちたらどういうことになるだろうかと恐怖に駆られたものだ。

琉球大学教授の新城郁夫さんは、「われわれが目の当たりにしているのは軍事そのものです」[43]という。琉球大学のキャンパスは普天間飛行場の南側、中頭《なかがみ》郡西原町にある。

「この琉球大学のすぐ近くの飛行場からも軍用機が世界中にバンバン飛んでいきますし。オスプレイの音というのはすさまじいものです。体がおかしくなるくらいの不気味な低周波を出して飛びますから、心身の底から軍事というものが入り込む、殺戮の力というものが入り込んでくるのがわかります」[44]。

私の場合は、長い人生のごく短い期間に味わったわずかな経験だったが、大きな機体を目にし、その轟音を耳にしたときの恐怖は今も私の記憶の底に残っている。これが日常ということになったらどういうことになるだろうか。ことに外界の刺激に無防備な年齢の子どもの場合には、新城さんの言う「殺戮の力」に身を曝す日々はその心身にどのように影響するだろうか。

『海をあげる』の著者、上間陽子さんは、沖縄がどういう場所か忘れないために、普天間基地の近くに居を定めることにした。[45] しかし、娘さんが成長するにつれて、その選択を悔いるようになった、と書く。

言葉を話せるようになると娘は、すぐに「飛行機」や「オスプレイ」と口にした。外来機が飛来する時期になると、娘は絶えず抱っこをせがむ。

ときどき、墜落したかと思うような爆音があって、「こわい!」と叫ぶ娘を抱きしめる。[46]

もう少し大きな子どもは、学校の行き帰りなど、まわりに抱きしめてくれる大人がいないときに空から不気味な音や爆音が聞こえてきたら、その子の神経はどのように働くのだろうか。軍事の脅威、殺戮の脅威ならば、不安や恐怖を感じるのは大人も同じだろう。親にすがるわけにはいかない大人は、自らの神経を駆使せざるを得ない。そうやって一応の平安を保つことは「慣れる」ことなのだろうか。「慣れる」と「耐える」は同じことなのだろうか。

「土地の人は慣れている」という発想は、土地の人に耐えることを強要する発想とどこかでつながっているのではないだろうか。あるいは、この状況を傍観するだけの己の無力を意識するまいとする衝動の表れなのかもしれない。

[注]

1 『沖縄県史　各論編六　沖縄戦』一六六―一六七頁

2 『戦う民意』一二七頁

3 同右

4 『宜野湾市史　第一巻　通史編』二七頁、三九〇頁
5 『沖縄県史　資料編一二　アイスバーグ作戦　沖縄戦五（和訳編）』五七七頁
6 同右、四六頁
7 前掲1、八五―九〇頁
8 同右、八九―九〇頁
9 前掲4、三九一頁
10 同右、三九一頁
11 同右、三九三頁
12 前掲1、六四一頁
13 同右　六四二頁
14 前掲4、四〇三―四〇四頁
15 沖縄県HP参照
16 アメリカ、イギリス、ソ連の三首脳がヤルタ（ウクライナ）で行った会談。
17 沖縄戦でアメリカ軍が使用した弾薬は、地上での砲撃、艦船からの艦砲射撃、航空機からの爆弾投下などを併せると約二〇万トン、日本本土に投下された爆弾は約一六万トン。前掲1、六四七頁
18 『沖縄現代史　米国統治、本土復帰から「オール沖縄」まで』四九―五〇頁
19 同右、一六九頁
20 同右、一六三頁
21 同右、一六六頁。ちなみに、一九七二年五月一五日付の琉球新報には次のような一四日発表の屋良主

席談話と一五日発表の政府声明が掲載されている。

◇屋良主席談話

私どもが実に二十七年間にわたってひたすら願望し、求め続けてきた沖縄の祖国復帰は、きょう五月十五日まさしく実現し、沖縄県民は名実ともに日本国民として地位を回復することになった。これは実に百万県民のたゆまざる、そして真剣なご努力とご苦労が結実したものであり、心から敬意を表するものである。また、ここに至るまでには、本土同胞のみなさまのあたたかいご支援、ならびに日米両国政府のご理解とご協力によるところも大であり、深く感謝申し上げる。

しかし、沖縄県民のこれまでの強い要望と心情に照らして復帰の内容を見るとき、そこには軍事基地の態様の問題をはじめ、実際には多くの問題が未解決のまま残されており、県民の立場からすると決して満足できるものではないことも残念ながら事実である。つまり、沖縄問題は復帰の時期が到来したことによって、すべてが解決したというものではなく、むしろその完全な解決へ大きく一歩を踏み出したというのがいつわらざる実感だと思う。したがって、私どもはこれからもなお新しい問題や困難に直面するかもしれない。しかし、復帰ということは私ども自らの運命を開拓し、歴史を創造する重大な事業である。その意味から国もその政治的、道義的責任において、沖縄の振興開発、福祉の安定のため、いろいろ施策を展開するで●ろうが、私ども県民自体がまず自主、主体性を確立して、この世紀の大事業と取り組む決意を新たにしなければならないと思う。＊●は脱字（著者注）

◇政府声明

国民のみなさん、沖縄は本日祖国に復帰した。心からこれを喜びたいと思う。顧みれば戦後二十七年に及ぶ沖縄の祖国復帰への道のりは長く、まことに困難なものであった。あらゆる苦難にたえ、たゆまぬ努力を続けてきた百万同胞のご苦労をねぎらうとともに、よくこのことをなしとげた国民各位に対し心から敬意を表する。

沖縄を平和の島とし、わが国とアジア大陸、東南アジア、さらに広く太平洋圏諸国との経済的、文化的交流の新たな舞台とすることこそ、この地に尊い生命をささげられた多くの方々の霊を慰める道であり、沖縄の祖国復帰を祝うわれわれ国民の誓いでなければならないと信ずる。

政府は、沖縄の自然と文化を生かしはぐくみつつ、平和で豊かな島づくりのため、沖縄海洋博覧会の推進をはじめ、沖縄の開発発展を国民的課題として、今後とも積極的に取り組む決意である。沖縄の祖国復帰が実現した今日、世界の平和と繁栄のため貢献しうるよう最善を尽くすことを誓う。

22 同右
23 『西山太吉　最後の告白』二〇三頁
24 同右、二〇七頁
25 同右
26 米国大統領の要求と日本国総理大臣の応諾は以下の書籍から引用した。『他策ナカリシヲ信ゼムト欲ス』四四八頁
27 朝日新聞二〇〇〇年一月六日付
28 同右二〇〇〇年一月七日付
29 朝日新聞二〇〇〇年五月二九日付
30 前掲23、二一八頁
31 『週間朝日』二〇一〇年四月二三日付

32　二〇〇九年一二月二日付朝日新聞
33　朝日新聞二〇一〇年三月一〇日付
34　「岡田克也外相は9日、日米の密約に関する外務省調査結果と有識者委員会の検証報告書を公表した。併せて公開された機密文書から、政府が１９６８年に核兵器搭載の疑いのある米艦船の寄港・通過を黙認する立場を固め、その後の歴代首相や外相らも了承していたことが判明。寄港の可能性を知りながら、「事前協議がないので核搭載艦船の寄港はない」と虚偽の政府答弁を繰り返していた。非核三原則は佐藤栄作首相の67年の表明直後から空洞化していたことになる。」（朝日新聞二〇一〇年三月一〇日付）
35　朝日新聞二〇一〇年四月二九日付
36　『命こそ宝　沖縄反戦の心』六六頁
37　同右、六七頁
38　同右、二頁
39　同右
40　同右、六頁
41　同右
42　『米軍と農民——沖縄県伊江島』一八頁
43　『対談　沖縄を生きるということ』八五頁
44　同右、八五—八六頁
45　『海をあげる』二三七頁
46　同右、二三八頁

第四章　やさしさとかすかな「拒否」

1　「本土臭」

沖縄に関する本を読んでいると、しばしば「イチャリバチョウデー」ということばを目にする。出会った人は皆きょうだいという意味で、琉球王国の時代から、人びとが他国の人と交流する中で培ってきた精神だと説明される。

「平和の礎」刻銘委員会の座長・石原昌家さんは、沖縄の人が誰にでも心を開き、その人をあるがままに受け入れるのは、「イチャリバチョウデー」と「チムグルサン（他人の痛みを自分の痛みとする）」という精神が発揮されるからであり、この精神に裏づけられた平和思想があるからこそ、「平和の礎」に敵味方の区別なく戦死者の名前を刻むという発想が生まれたと書いていた。

前沖縄県知事の翁長雄志さんも著書『戦う民意』の冒頭で、「沖縄は米軍基地によって世界の安定に貢献するのではなく、『平和の緩衝地帯』として貢献したい」との考えを述べているが、そのときに効力を発揮するであろう「沖縄のソフトパワー」としてイチャリバチョウデーの精神に言及している。[1]

しかし私は、わずか一週間の旅の間に私に対して、ピタリと心を閉ざされる場面を三回経験した。そのたびに、私は何か言うべきでないことを言ったのか、あるいは失礼な態度をとったのか、はたまた、自分が何か悪臭を放っているのかもしれない、と心を痛めた。

最初の衝撃は沖縄滞在第一日目に体験した。

平和祈念公園からひめゆり平和祈念資料館へ行き、そこからバスで那覇市内に戻る予定だった。東京にいる間に調べてみると、バスを二回乗り継げば、宿泊先のホテルに近いバス停に降り立てることがわかった。

現地に行って、その最初の乗り継ぎのときだ。私の他にもう一人、中高年と見える女性が降りた。その人は降りるとすぐに、バス停の標識板に記された路線名を指でたどって、「ここからは出ないね」と言いながら私を見て笑った。

私は、ああ、これが沖縄でバスに乗る流儀なのだ、と思った。その日の朝、平和祈念公園へ行くときに、乗り換えバスがどこから出るのかわからず少し不安だったことを思い出した。

私はその女性に笑いかけて、「どこまでいらっしゃいますか」と聞いた。「那覇まで」と答えたので、「私も同じです。途中で乗り換えますけど」と言った。

「あっちへ行ってみましょう」と女性が指さす方向にバス停が見えた。そのバス停を目指して二人で広い交差点を対角線状に渡るときに、女性がまた言った。

「信号はないけど、車は止まってくれるから大丈夫」

新たなバス停で、女性は先ほどと同じように標識板で路線名を確認した。

「大丈夫。ここから出ます」

女性は終始にこやかだった。私も心強い味方を得たような気持ちになって笑った。

「どこからお出でになったの」と聞くので、「東京から来ました」と答えた。

「ああ、東京から」と言って、その人は遠くを見るようなまなざしをした。

「私も子供の頃に東京、というか、川崎にしばらくいたことがあります」

「ご親戚がいらっしゃるんですか」

「ええ」とその人は答えたが、陰りのある声だった。そしてつぶやくように言った。

「でも、戦争があったからねえ」

それから先は、こちらが話しかけても、曖昧な答えが返ってくるだけになった。〝もう話しかけてくれるなオーラ〟さえ私は感じた。何か言ってはならないことを言ってしまったのだろうかと自問したが、何も思い当たらなかった。

後になって思えば、川崎も東京と同じようにB-29による空襲で大被害を受けたことや、川崎には沖縄出身の人が多く住んでいたことを知っていれば、私の物言いも違うものになっていたかもしれない。

しかし、そのときは、「戦争があったからねえ」と言われても何かを具体的に思い描くことはできず、「ああ」と弱々しく曖昧な返事しかできなかった。

その人は私と同じぐらいか、もう少し若い年齢のように見えた。大空襲当時の川崎の様子を覚えているとすれば、私より少なくとも四歳ぐらいは上のはずだが、そうは見えなかった。

その女性は那覇に行くと言ったのだから、その人と一緒に那覇に戻り、そこからホテルに帰る手立てを考える道もあり、そうすればバスの乗り換えに苦労することもないと、チラリと思った。だが、その人は「話しかけてくれるな」オーラを放ったままやって来たバスに乗り込み、一人で奥まで進んでいってしまった。乗客の中に顔見知りの人がいたらしく、笑顔で会釈する姿が見えたので、私は遠慮して運転手さんのすぐ後ろの席に座った。

やがて、バスは私が乗り換えを予定していた停留所に着いた。私は席から立ち上がり、後ろを振り返った。その人も私を見ていた。

私は親切にしてもらった感謝の気持ちをこめて「ありがとうございました」と大きな声で言った。その人も笑って、「お気をつけて」と言った。

バスから降りて後部座席のほうを見上げると、その人は席から立ち上がらんばかりに背を伸ばして手を振っていた。私たちはお互いの姿が見えなくなるまで手を振りあった。

二回目の体験は、琉球村行きのバスを待っていたときだ。琉球村はいわばテーマパークのようなもので、そこでエイサーショーを上演していることがわかったので、行ってみようと思ったのだ。

そのころは沖縄滞在も四日目となり、路線バスの乗り方にもだいぶ慣れてきていた。琉球村は観光客や行楽客が目当ての施設だろうから、那覇市内の中心部にある大きなバスターミナルからは乗り換えなしのバスが出ているのではないかと見当をつけた。案の定、バスターミナルの案内ブースで聞くと、一日に何本かの直通バスがあった。その中では朝九時二分に出るバスが、私としては最適だとわかった。路線番号は二〇番で一一番乗り場から出るとのことだ。

私が時刻表はあるか、とか、上り下りの時刻をしつこく聞いたせいで心配性の旅行者と思われたのか、案内所の担当者は不意に、「バスはあそこから出ます」と言って、そこからガラスの壁越しに見えている道路の反対側を指さした。

「あの白い屋根の下が停留所です」

私はなんて親切な人だろうと感激して、丁寧にお礼をいってその場を離れた。

が――。

翌朝、白い屋根の下の停留所に行ってみると、バスの標識板には私が乗ろうとしているバスの路線番号も九時二分という発車時刻を含んだ時刻表も表示されていなかった。「えっ」と思って私はあたりを見回した。そこでバスを待っている人びとは、当て推量にすぎないが、テーマパークに行楽に出かけるような雰囲気ではなかった。

私は妙な胸騒ぎがして、とにかく一一番乗り場に行ってみようと思った。

一一番乗り場には九時二分を含んだ時刻表はあった。しかし、二〇番という路線番号の表示は見当たらなかった。指でなぞって何度も時刻表を確かめた。九時二分は確かにあった。しかし、路線番号は一二〇番だった。

どういうことだろう。元の白い屋根の下へ行って、もう一度標識板を確かめた。やはり目当てのバスがそこから発車することを示す手がかりは何もなかった。

私はまたペデストリアンデッキを渡って、一一番乗り場に戻った。今度はしゃがみ込んで時刻表を確かめ、立ち上がって標識の上の方に書いてある路線番号を見つめた。

一二〇番と二〇番は共用と書いてあった。「共用」というからには二〇番も同じ道を行くということに違いない、と思ったが、それを確かめるべく、私はバスターミナルの建物の中にはいった。ところが、案内ブースの中には誰もおらず、窓口には、営業開始は一〇時からと表示された札がかかっているだけだった。

私はまた一一番乗り場に戻った。そこには私が右往左往する様子を初めから見ていた女性が立っていた。また戻ってきた私を見て、その人はニコッと笑いかけた。

「あたふたしてしまいました」と言って私も笑った。

「空港へ行くんですか」とその人が聞いた。

「いえ、琉球村へ行こうと思ったんです。きのう案内所で聞いたら、バスはあの白い屋根の下から出ると教えてくれたんです。でも、行ってみたけど違うみたいなんです」

「琉球村だったら、読谷行きのバスが通ります。乗り場はこっちです」

その人はすぐ近くの別の乗り場に案内してくれた。その時刻表には九時二分はなかったが、九時十何分かのバスはあった。

私は、「あちらの九時二分が琉球村へ行かなかったら、こちらのバスに乗りますね」と言って、その人と一緒に一一番乗り場に戻った。

「観光リターンで来たんですか」とその人が聞いた。新型コロナウィルスの影響で、観光業を含めて広範囲で経済活動が停滞したが、感染状況が少し落ち着いたかに見えるこの時期に、経済活性化のために観光客に幾ばくかの便宜を与えるという、政府が打ち出した政策の呼称が「観光リターン」だ。

私は今回の旅では、大部分の時間を県立図書館の資料室で過ごした。「美ら海」といえるような海は見ていない。世界遺産に登録された場所も訪れていない。観光に来たとはいいがたかったから、正直に「ちょっと用事があって来ました」と言った。

心なしか相手の顔から笑顔が消えたように見えた。それから先は、お互いに立っている位置は変わらなかったが、相手がすっと遠くへ行ってしまったような距離感が二人を隔てた。

バスがやって来て、並んでいる順序で私が先に乗り込んだが、その人は私から何席も離れたところに座った。三つか四つ先の停留所で降りたが、私の脇を通り過ぎるときも、私とことばを交わしたことなどなかったかのように、こちらをチラリとも見なかった。私は声をかけては悪いような気持ちになって、「ありがとう」のことばを飲み込んだ。

唯一の救いは、バスに乗り込むときに、車体の横に「琉球村」と経路が表示されているのをわざわざ確かめてくれて、「琉球村、行きます」と言って、こちらに美しい笑顔を向けてくれたことだった。

三回目の体験の相手は、最初から〝話しかけてくれるなオーラ〟を放った人だった。先の二人と違って、いかなる時も私に笑いかけたりはしなかった。

あまり詳しい話をすると、誰と特定されてしまうかもしれないので避けるが、たとえばどこかの建物の中の特設展示会のような場面を想像してほしい（実際に、ある展示会に出かけたが、決してそこでの出来事ではない）。

展示会を主催する人は、訪れた人の質問に答える役割を担っているのは暗黙の了解事項と思うから、私は遠慮せずにいくつかの質問をした。その人も誠実に答えてくれた。

違和感があったのは、決して私を正面から見ないことだった。その人は私に対して常に斜めの位置に立った。そして説明はうつむき加減でことば少なだった。

もしかしたら、もともと初対面の人と話をするのが苦手な人だったのかもしれない。あるいはあまり人が好きではないのかもしれない。

その意味において、その人は先の二人とは少し事情が違うとも考えられる。なぜならば、先の二人は、最初は心に何のわだかまりも感じさせない笑顔を向けてくれたのだから。ところが二人とも、ある時点で、まるでモードが切り替わったようによそよそしくなったのだ。そのたびに私は、自分が何か悪臭を放っているのか、言うべきでないことを言ったのか、あるいは失礼な態度をとったのか、と心を痛めた。

告白すれば、三番目の人にはちょっと失礼な態度をとった。というのも、私はその人に笑ってほしかったから、いたずら心を起こして、あけすけな冗談を言ったのだ。

すると、その人が笑った！……ように見えた。顔も少しだけ私のほうに動いた……ような気がした。

傍らに立っていた人が愉快そうに笑ってくれたのがうれしかった。

あけすけとはいえ、その冗談は悪意のあるものではなかった。「無礼者！　そこへ直れ！」と切りつけられるようなものではなかった、と自分では思っている。私は三人のいずれの人に対しても、許しがたいほどに失礼な態度をとったわけでも、言ってはならないことを言ったわけでもないと結論せざるを得ない。

やはり、私が放つ悪臭が問題だったのだと思う。

その悪臭に名前をつけるなら、「本土臭」ということになるのだろう。本土臭が原因だと考えると、その人たちの態度の変化に合点がいくのだ。

最初の二人は、たぶん、私の中に本土の臭いを感じた途端に、その毒気を吸い込まないように、心をピタリと閉ざしたのだろう。まるで貝が蓋を閉じるように。

三番目の人が、その人自身の対人に関する特性ではなく、私が私であるがゆえにそのような態度をとったのだとすれば、先の二人よりずっとガードが固い人だったのだろう。

なぜ私が自分の臭いを悪臭と言い切るかといえば、それは、こちら側にある「何か」が原因となって、あちら側の人の中にあるとても美しいものを不可抗力的に消させてしまったと感じるからだ。

そして、その「何か」を本土臭と名づける理由については、失礼な態度をとるとか口にしてはならないことばを発するなどの、私個人の失態が考えられない以上、私が、時の流れや育った環境の中で、無意識に身につけたある種の特徴が原因となっていると考えるのは自然ではないだろうか。

また、なぜその特徴が、「出会った人は皆きょうだい」と感じ、「他人の痛みを自分の痛みとする」精神風土の中で育った人によって、門前払いのように拒否されるのかと考えれば、それはその温かく大らかな精神がこちら側の人間によって許しがたいほどに踏みにじられた歴史があるからだと思わざるを得ない。

2　琉球王国の歴史

今更言うまでもないが、琉球と日本は元は別々の国だった。ある時代にこの両国の力関係が表面化したが、そのとき琉球は諸外国と交易する貿易立国だった。それに対して、日本は諸外国との交流を制限する鎖国政策をとりつつある国だった。

鎖国の目的は、キリスト教思想が士農工商の身分制度を確立して武士階級の支配を堅固なものにしようとする徳川幕府の政策と相容れないこと、及び、宣教を隠れ蓑にして世界制覇を狙うスペインやポルトガルの侵入を防ぐことにあった。こうして一六一二年に禁教令、二五年にスペイン商船来航禁止令、三五年に海外渡航及び帰国禁止令、三九年にポルトガル商船来航禁止令が発せられた。

鎖国のもう一つの目的は、自国の管理下にない外国や民族との貿易から得られる経済的利益を幕府の管理下に置くためだった。その目的で幕府は外交窓口を長崎、薩摩、対馬、松前の四カ所に制限し、幕府直轄地の長崎ではオランダ及び明、明滅亡（一六四四年）後には清と交易し、他の三カ所に関しては、以前から交易関係にあった薩摩藩と琉球王国、対馬藩と朝鮮、松前藩とアイヌ民族との交易を許可した。

したがって、琉球王国にとって、江戸期の日本との交易相手は、原則的には薩摩藩に限られていた。鹿児島には「琉球館」が設けられ、そこが交易の舞台となった。こうして、琉球側が持ち込んだ中国の産品や琉球で生産された砂糖が鹿児島から日本市場に出回ることになり、逆に日本の産品が鹿児島から琉球商人によって海外へ輸出されるようになった。北海道産の昆布はこの経路をたどって中国や琉球で消費されるようになったそうだ。[2]

　ところで、琉球王国は貿易立国といっても、莫大な経済力を背景に他国に有無をいわせぬ強大な力をもつ国というわけではなく、たいていの周辺諸国がそうしていたように、当時の中国、即ち、明に貢ぎ物をして貿易の許可を得る朝貢国だった。そして自国の王が代替わりするときには中国からの許可証をおしいただく国だった。

　それというのも、当時、明王朝は自国が認めた国の王としか交易関係を結ばなかったからだ。このような従属的な関係であっても、明は来貢した国にはそれなりの賞賜を与えたので、朝貢国には莫大な経済効果をもたらす魅力があった。

　琉球王国は、琉球人専用の施設として与えられた福建省福州の琉球館や北京にある朝貢国の滞在施設を舞台にして、中国商人と盛んに商取引を行った。交易された品物は、琉球商人が持ち込む東南アジアの産品、たとえば香料、香辛料、酒と中国商人が持ち込む陶磁器や絹織物などだった。琉球側は中国で得た産品を他地域へ転売することによっても利益を得た。

　琉球王国はこのような中継貿易によって繁栄し、一五、六世紀にはきらびやかな王朝文化が花開いた。しかし、その頃が繁栄のピークで、その後は経済的に弱体化することとなった。一六世紀になると、スペインやポルトガルが東南アジアに侵入し、琉球王国がその交易市場から締め出されてしまったことも一因だが、それだけではない国際状況の変化については後述する。

さて、日本との関係だが、琉球が統一王国として海外諸国と関係を結ぶようになったのは、日本史でいえば室町時代にあたる。『おもろさうし』は中世琉球王国時代に神々へのメッセージとして編纂された歌謡集だが、その中には「とう（唐）」や「なばん（南蛮＝東南アジア）」とともに「やまと（日本）」との交流も描かれている。[3]

また、一六世紀中頃に編纂された日本の国語辞書、『運《うん》歩《ぽ》色《いろ》葉《は》集《しゅう》』には、足利将軍から琉球王に宛てた国書が収録されている。[4] 内容は琉球王から送られた手紙と進物に対する礼状だったようだが、一四一四年のことだというから四代将軍義持の時代だ。

このように、一五世紀初頭から中葉にかけて琉球王はしばしば日本の将軍に国書や使節を送っているが、その文書に使われているのは中国語の漢文ではなく、日本で常用されていた和様漢文の候文であり、日本の将軍から琉球王宛の文書は、仮名文で書かれているとのことだ。[5]『おもろそうし』も仮名文で書かれているというから、日本と琉球の間には、何らかの親密な文化的交流があったのかもしれない。

不思議、というか、私などは少し違和感を覚えるのは、足利将軍と琉球王が対等の関係ではなかったらしい、ということだ。『周縁から見た中世日本』に次のような記述がある。

琉球王の使節が京都の将軍のもとに派遣され、将軍との対面に臨む場面において、使節は将軍邸の庭に敷かれた筵《むしろ》に座って拝謁した。[6]

なぜこのような身分の上下関係を示唆する形式での対面になったのかは更なる研究を待たなければならないようだが、著者の高良《たから》倉吉《くらよし》さんは、このような上下関係は、どちらか一方の思い込みによるものではなく、両者合意に基づくものだった、と記述している。[7]

室町時代には服属的な形式に合意があったかもしれないが、さらに時代が進んで、豊臣秀吉が朝鮮出兵を思い立つ時期に及んでは、琉球王国の服属は日本側に強要されたものというのが明らかなようだ。

その当時、九州の大名・島津義久は、武力で九州一帯をほぼ平定したところであり、その実績を関白秀吉に認めさせようとした。しかし、秀吉はそれを認めず、逆に二万五千の大軍を率いて九州を攻め、島津を降伏に追い込んだ。秀吉は島津氏を完全に滅ぼすことはせずに、領地を縮小して、薩摩、大隅、日向を与えた。[8] 義久は翌一五八八年（天正一六年）、琉球国王に書状を送り、秀吉が全国を統一したことを告げ、琉球が無礼を続けるなら攻め滅ぼすと脅した。国王尚寧《しょうねい》はその翌年に秀吉の統一を祝う使者を派遣した。[9]

この一件は、琉球側から見れば外交努力だったかもしれないが、秀吉は自分への服属とみなした。[10]

義久には以前から琉球支配を窺うところがあり、一五九二年(文禄元年)に秀吉が朝鮮に出兵したときには、琉球からの派兵や兵糧米の供出を要求した。琉球は派兵には応じなかったが、「兵糧米の供出については一部負担せざるをえない状況に追い込まれた」[11]。その年、秀吉は島津が琉球を「与力」とすることを認めた[12]。こうして島津氏は秀吉の権威を後ろ盾にして琉球への支配力を強めたのだった。

さらに時代が進んで、徳川家康が関ヶ原の戦いを制して征夷大将軍となるころの島津氏は、義久(第一六代)の弟(第一七代)の子である家久が第一八代当主となっていた。家久は一六〇九年(慶長一四年)、かねてよりの琉球の無礼を正すという名目で琉球出兵を家康に願い出て許可された[13]。家久には領地拡大や権力強化、そして朝貢貿易の利益に与る野望があり、家康には、秀吉の朝鮮出兵の結果、不興を買ったままになっている明との関係を琉球を介して改善するもくろみがあった。

一六〇九年三月、薩摩勢は三〇〇〇の兵を率いて出陣し、途中、琉球王国の領土である奄美大島、徳之島を攻め落とし、三週間後に沖縄本島北部の運天《うんてん》港に到達した。

島津氏は、それより二〇年前は九州一帯を平定しようとして実戦のさなかにあったのであり、破れはしたものの、秀吉の大軍とも戦った。実戦の経験は十分にある。対する琉球王国は、大がかりな実戦態勢にあったのは約二〇〇年前の統一王国樹立のときだった。一七世紀初頭の両者には圧倒的な軍事力の差があった。薩摩軍は、出陣から一か月足らずのうちに、王国の牙城首里を陥落させた。そして、尚寧王とその重臣たちを捕虜にして五月に鹿児島に戻った。
尚寧王一行は駿府城で家康に謁見し、江戸城で二代将軍秀忠に謁見したのち鹿児島に戻り、今後は薩摩の琉球統治方針に従うという誓約書に署名したのち帰国が許された。二年半の歳月が流れていた。[14]

「薩摩（あるいは島津）侵入事件」と呼ばれるこの一件によって、琉球王国は直接的には薩摩藩に、ひいてはその背後に存在する江戸幕府の強大な権力に従属することが決定的となった。実は日本との交易の場となった鹿児島の琉球館は、鹿児島側との調整機関として琉球が設けた施設だったのだ。

このように、琉球王国はこの時点で日本に従属する国となったが、明との従属関係もまた今まで通りに残された。なぜならば明王朝が臣と認め朝貢を許したのはあくまでも琉球王であって、徳川将軍が琉球王に取って代わることはできなかったからだ。朝貢貿易がもたらす利益を考えれば、琉球王国を完全に日本の体制の中に取り込むことは、薩摩にとっても徳川にとっても得策ではないと判断されたのだ。

この時期までにはポルトガルやスペインが琉球王国の中継貿易を脅かす存在となっていたことはすでに述べたが、脅威は他の原因からも発生していた。

琉球が明の朝貢国となったのは一三七二年のことだ。その四年前、漢民族がモンゴル民族の国「元」を滅ぼして新しい国「明」を樹立した。明朝の初代皇帝洪武は周辺国に使者を送り、明王朝に入貢することを促した。入貢とは皇帝の徳を慕い、その臣下となることを外交的に表明することで、具体的には使者を皇帝のもとに派遣し、皇帝に忠誠を誓うことを明記した外交文書を捧げるとともに、その証として貢ぎ物を献上する行為を意味する。[15]

光武帝が琉球への使者に託したメッセージの趣旨が明の公式記録に残されており、その現代語訳が『周縁から見た中世日本』に記されている。大変興味深いので、左にそのまま引用する。

> 永く中国を支配してきたモンゴル人の国家、元は乱れ、長年にわたって各地に反乱が起こった。乱世を正すために、朕は敵対する勢力を平定し、漢人が主役となる天下を再興した。臣民に推されて朕が皇帝となり、国名を明と名づけ、年号を洪武と改めた。周辺アジアの各国に使者を遣わしてこのことを告げると、各国の王は臣と称し、入貢してきた。汝、琉球ははるか海のかなたにあるため、このことを知らないと思うゆえ、とくに使者を遣わして、このことを告げる。[16]

このメッセージを受け取った時点では、琉球はまだ統一された王国ではなく、大きくいえば北部、中部、南部の三地域に点在する勢力が覇を競っている時代だった。右のメッセージはその中の一番強力な、沖縄本島中部地域の王・察度《さっと》に届けられた。浦添城《うらそえぐすく》を拠点とする察度王はすぐさま入貢を決断した。

しかし、その政権は親子二代しか続かず、三四年後に南から起こった勢力に滅ぼされた。新勢力は拠点を浦添城から首里城に移し、武力をもって三地域を制圧し、ついに一四二九年に統一政権による琉球王国を誕生させた。
だが、その政権も不安定で、四〇年の間に六人の王が替わり、一四六九年には王朝に不満を抱く勢力によるクーデターが起こった。[17] その時点で王の系譜は替わったが、同じ「尚」氏を名乗り、その後明治政府による廃藩置県まで一九代四〇九年続いた。最初の王から数えれば、琉球王国は約四五〇年の歴史をもつことになる。

その四五〇年の歴史の中で、琉球王朝が最も華やかだったのは一五世紀から一六世紀にかけてのことだが、たいして特殊資源があるわけでもない小さな島国にその繁栄が可能だった要因の一つは、明王朝がとった海禁政策にある。海禁とは自国民による海外貿易を禁じることだが、その政策のおかげで、琉球は東南アジアや日本で仕入れた産品を中国で売り、中国で仕入れた産品を他の地域で売るという中継貿易が容易だったのだ。

ところが、一六世紀になると明王朝の統治能力に陰りが見え始めた。すると、この海禁政策を破って海外で私貿易に励む勢力が中国の民間人の中に出現した。『周縁から見た中世日本』に次のような一文がある。

その動きは民間主導による貿易展開といえるものであったが、しばしば略奪行為や殺傷沙汰を含み、海禁政策という法に触れる活動でもあったために、中国政府によって「倭寇」の烙印を押された[18]。

ムムッ、倭寇だと？　「倭」とは日本のことではないか、と私の反応はいかにも愛国的だ。この文章から読み取れるのは、明国の「民間人」が当時、日本海や東シナ海を「仕事場」としていた日本その他の国の民間人を巻き込んで、海賊まがいの貿易を行ったということだ。なぜ、中国人主導の海賊行為を倭寇と称したかは歴史学者にまかせるとして、私はここで改めて「寇」の意味を知ることとなった。

手元の国語辞典には、「寇」とは侵入する敵のことだと書いてある。ナルホド。中学、高校で日本史を学んだ者なら誰でも「元寇」ということばを知っている。モンゴル民族が樹立した元が二度にわたって大軍を率いて壱岐、対馬、博多を攻めたが、大風が吹いて侵略は成功しなかった、というあの「蒙古襲来」のことだ。

それは一三世紀後半の出来事だが、そのころに「倭寇」も確かに存在していたのだ。その集団は朝鮮、中国沿岸を荒らし回っており、元を倒して成立した明王朝は、日本の「王」のもとへ使いを送って、倭寇の取り締まりや明への入貢を促した。それは一三六九年のことで、先に述べた琉球王国への使いより三年も前のことになる。

実際に日明貿易が始まったのは、足利義満が一四〇一年に使節団を明に派遣して以降のことだが、明政府は海賊船と公式の貿易船を区別するために勘合（割符）を発行し、入港した貿易船がもっている勘合を手元の台帳と照合して公式の貿易船であることを確認する作業をしたので、この貿易は勘合貿易と呼ばれる。

室町時代には勘合貿易は中断、再開を繰り返しながらも継続したが、秀吉の朝鮮出兵以後は再開されることはなく、やがて明は弱体化の一途をたどり、一五六七年に海禁政策を放棄し、一六四四年に北方から起こった清の圧力に屈して滅亡した。[19]

ちなみに、勘合貿易も朝貢貿易であり、各国の朝貢頻度は明政府によって決められていた。琉球王国は二年に一度、日本は一〇年に一度だった。『周縁から見た中世日本』に明史の記録からわかる朝貢回数の表が掲載されているが、それによると琉球王国は二位のベトナム、三位のチベットに二倍前後の差をつけて断トツトップの一七一回だった。一三位の日本は一九回とある。[20]この数字からは、「明朝に対し、琉球はアジア最大の朝貢貿易国家であるという事実を確認することができる」と著者の高良さんはいう。[21]

さて、一六世紀になると中国の民間人も「寇」に加わることになった。乱暴狼藉ももっと規模が大きく強力になったであろう。その煽りを受けたのが琉球王国だった。

明王朝の権威を後ろ盾にして栄えた王国だったが、今や中継貿易のライバルはポルトガル、スペインばかりでなく「倭寇」集団である。琉球王国の貿易はだんだん規模が小さくなり、一六世紀の後半には日本と中国の仲介者のような存在になってしまった。[22]

このように、琉球王国が、明王朝の衰退によりその後ろ盾が揺らぎ始め、かつ貿易上のライバルが続出して貿易国としての規模を縮小せざるを得なくなったのに対し、日本では国内治世も藩内治世も安定してくるにしたがって、薩摩藩が琉球に対して支配欲を増大させ、その背後の幕府も朝貢貿易の利権を窺うという国際状況の中で起こったのが島津侵入事件だった。

それから以後の琉球王国は、中国と日本の両国に属する形をとることになった。これまでどおり、王の代替わりには中国からの使者を迎えて新王となる許可を得る行事を執り行い、二年に一度は朝貢すると同時に、日本に対しては、将軍の代替わりに慶賀使を、王の代替わりに謝恩使を江戸に送ることを義務づけられた。そして、薩摩藩には多額の租税を納めることになったのである。[23]

3　琉球処分

時は流れて明治維新となり、日本は西欧列強に対抗するために、自国の国土範囲を明確にする必要に迫られた。明治政府は、それまで日中両属だった琉球王国を日本専属にすべく、一八九二年七月に「維新慶賀使」を上京させ、今後琉球王国は琉球藩となる旨を告げた。そして実際にその年の九月、「一方的に」[24]琉球国王・尚泰《しょうたい》を「藩王」とする旨の証書を発行した。

しかし、王国内には日本専属に反対し、清国や駐日各国公使に訴えて両属を維持しようとする勢力や清国自体の抗議の表明など、さまざまな問題が発生し、日本政府と琉球王府との交渉はなかなか決着をみなかった。

明治政府は一八七九年、ついに武力をもって首里城の明け渡しを迫り、琉球藩は廃止されて沖縄県が成立した。本土での廃藩置県に際しては、各藩の藩主は華族の身分を与えられて東京に住むことが義務づけられたが、尚泰王も一八七九年に東京に向けて那覇港を出港した。その別れのときに尚泰王が臣下にむけて詠んだのが、命を大切に生きていればいつか弥勒世は来ると歌う「命どぅ宝」の琉歌だったと伝えられている。

この一八七二年から七九年までの一連の成り行きが、歴史書にいう「琉球処分」の中身だ。

現代の一庶民の言語感覚としては、「処分」ということばには非常に抵抗を感じる。まるで、明治政府が琉球王国を切って捨てたかのように感じられて、私はこのことばを穏やかな気持ちで口にすることができない。きっと処分ということばには、冷徹に機能だけを示す使い方があるのだろうと思い広辞苑を引いてみた。法律用語としては、「公法上、具体的事実や行為についての行政権または司法権の作用の発動」とある。なんだかもってまわった言い方に聞こえるが、私の解釈では、国や地方組織が決めるような大きな事柄に関して、その組織に付与された行政権または司法権を発動して決着を図る、ということだろう。

明治初期にはこのような法的「処分」の意味がすでに成立していたのかもしれないと推察する。その根拠は、当時の内務省がこの一連の成り行きを三部にわたる資料として編纂しており、その標題が「琉球処分」だからだ。[25]

それでも私は「処分」ということばにこだわる。私が習った日本史では、一九世紀中頃に「世替わり」があったことを示すことばは「明治維新」であり、統治者が替ったことは「王政復古」と表わされていた。「徳川処分」ということばは聞かなかった。

なぜこの「処分」ということばにヒリヒリとした感覚をもつのか、自分の心の中をつらつら眺めてみると、そのことばには琉球王国に対する尊敬が感じられないからだ。

当時の王国には、日中両属の国として所属を曖昧にしたまま、実は王国独自の文化を創り上げたという自負があったかもしれないではないか。維新政府の為政者たちは、琉球には琉球の精神があるという真実を無視する形で、西欧の侵略者たちから必死に身を守るために、同じ侵略の蛮行に身を染めたのではなかったろうか。そのことを「処分」ということばが如実に物語るようでヒリヒリするのだ。

遡って、「琉球処分」より二七〇年前の島津侵入事件の際には、日本の権力者は琉球王の誇りを尊重し守っただろうか。もし日本側の権力者たちが強権発動的に王の一行を駿府から江戸へ引き回し、あげくの果てに鹿児島藩に服属するとの誓約書に調印させたのだとすれば、長期にわたる日本と琉球の精神的交流の底には、何らかの負の情緒が澱《おり》となって溜まっているのではないだろうか。恨みか怒りか悲しみか軽蔑か、私にはわからないが。あげくの果ての「琉球処分」だ。尚泰王が「命どぅ宝」というとき、その「ぬち」は長い間の交流の底に溜まった澱を意識していただろうか。
　ところで、尚泰王の琉歌は臣下に向けて歌われた、とのことだが、亡国の民となった琉球庶民に対しては、誰が慰め励ましのことばをかけてくれただろうか。重税に苦しんでいた農民たちはこの世替わりを歓迎したという説もあるようだが、[26]沖縄戦にいたる道筋を考えれば、防風林になってくれる人もなく、烈風に見舞われる人びとの姿が浮かんでくる。

　現在、那覇市には約三一万五千人の人が住んでいる。その中のたった三人との出会いを、悠久の時の流れに刻み込まれた傷に関連づけるのは、敷衍のしすぎといわれるかもしれないが、ひょっとして私が感じた違和感は、大江健三郎さんが『沖縄ノート』の中で言及した「絶対的な優しさとかさなりあった、したたかな拒絶[27]」とどこかでかすかにつながっているのではないかと思われるのだ。
　それに、本土出身の新聞記者はヤマトンチューだから、ナイチャー（内地人）だからという理由で現地の人に受け入れられないことが、しばしばか時折か、その頻度はわからないが、あるという。[28]
　もし、沖縄の人が、島外から訪れる誰に対しても、ある瞬間にモードが切り替わったように態度が変化する、というわけではなく、また島外出身だから不寛容になる、ということでもなく、本土の人間に対してだけそのような態度が示されるということならば――その場合には不寛容というよりは不信というほうが適切かもしれないが――、先の戦争が最大級の原因には違いないだろうが、長い時の流れの中での両者の関わり方にも原因があるのではないかと私には思われるのだ。

人は誰しも時の流れの中に生きている。「現在」に生きる人の精神は、時代の産物となって後世に伝えられる。後世に生きる人はその産物を土台にして「現在」を生き、生きた結果の「現在の精神」を次の世に伝える。こうして人は、いつの世でも、過去から伝えられた時代精神の上に「現在」を生きる。それは誰にも避けられない人間の宿命だと私は思う。

もし、私が現地の人に感じたかすかな「拒否」が、そのように積み重ねられた時代精神とも関わりがあるならば、そこが私にとっては沖縄に取りつく島だと思う。なぜならば、その積み重ねに、こちら側の欲も愚かさも残忍性も含めて、ありとあらゆる人間的なものが凝縮されてあちら側に確かに伝わっているはずだから。それは先の戦争前の時間があたかも空白であるかのような捉え方よりは、ずっと人間として自然だと私には感じられるから。

それに、人間的であるならば、きっと温かく美しいものもあっただろう、と私はかすかな希望を抱くこともできる。もし見つからなくても、あちら側の人との間にこれから生みだしていくことが全く不可能というわけではないだろう、と私は、私が確かに見た美しい笑顔を想いつつ、祈る。

4　サヨーナラ！

もちろん私は旅の間中、いつもこのようなかすかな「拒否」を感じていたわけではない。今思い出しても笑みがこぼれるような楽しい瞬間も確かにあった。

沖縄滞在初日に、バスの中から伸び上がるようにして手を振ってくれた女性と別れたあと、さて、どちらへ向かって歩けばいいだろうか、と降り立ったバス停の前でしばし佇んだ。広い交差点のどこを見渡しても、バス停らしき標識も屋根も見えなかった。

とりあえず、今まで乗ってきたバスの進行方向とは違う方角へ行ってみようと思い、信号手前を左に曲がった。しばらく歩くとバス停が見えてきた。その標識板を見ると、私が乗るべき路線番号が書いてあった。ラッキーと思い、その場で二〇分、バスの到着を待った。

やって来たバスの運転手さんに、目的の停留所名を告げて、「通りますか」と聞いた。

判明したのは、私は逆方向の停留所で待っていたということだ。

逆方向ということは、その停留所の向かい側あたりに私が待つべき停留所があるだろうと思い、さっきの交差点まで戻った。しかし、目指す向かい側まで来たが、停留所らしきものは見当たらない。

小学校の校門を過ぎたあたりで、これ以上先に進むと誰かに聞く機会がなくなりそうに感じたので、最初に目にはいった事務所の大きなガラス戸を開けた。中には男性が一人、道路に背を向けて椅子に座り、その前に男性一人、女性一人が立って、楽しそうに話をしていた。

「突然すみません、ちょっとお尋ねします。この辺りにバス停ありませんか」

闖入者の突拍子もない質問に驚いたのか、立っていた男性が、まじまじと私の顔を見た。

バス停ならすぐ向かい側にある、と男性が言う。

「はい、そこでバスを待っていたのですが、逆方向だといわれました」

「ああ、そう。そうするとここはちょうど中間点ぐらいだなあ。どっちへ行ったほうが近いかな」と隣の女性を見る。

「わかりやすい目印があるほうがいいです」と私は間髪を入れずに言う。

「じゃあ、こっちだな」と私が歩いてきた方向を指さす。

「ここを出たところにマクドナルドがあるから、そこをまっすぐ行って信号を渡ってちょっと行くとあるよ」

すると女性が、「信号のところに美容室あるよね、東京レディっていうんだっけ」と男性に小声で確かめる。私は、「その美容室は東京レディっていうんですね」と女性に話しかける。

女性が頷いて明るい笑顔を向けてくれた。

道がわかって安心した私は、つい調子に乗ってバカな冗談をいう。

「それって私のことですね」

すると今まで背を向けて座っていた男性が驚いたように私をふり仰いでいう。

「東京からおいでになったの？」

「はーい。私は東京のレイディでーす」と私はわざとらしく英語の発音で言う。

すると女性が冗談の意味に気がついて、手をたたいて爆笑した。私も笑った。そして急いでお礼をいって重いガラス戸を閉めた。

本当はその場に留まってもっとおしゃべりしたかった。が、あと五分長居をしたら、心を閉ざされてしまいそうで怖かった。

陽気な会話を反芻しながらバス停を目指して歩いた。すると私の背中に子どもたちの明るい声が降りかかってきた。

「コンニチハー」

私は気づかずに小学校の校門を通り過ぎていたのだ。下校する子どもが四人、私を見て笑っていた。

私も「コンニチハ」と言って笑った。だが、それだけで会話を終わりにしたくなかったので、「この辺にマクドナルド、ある？」と聞いた。

「そこ、そこ」と四人が一斉にすぐそばの建物を指さした。私もそちらを振り向き、「あ、ほんとだ。気がつかなかった」と言って笑った。子どもたちも、面白そうに笑った。

「この先に東京レディっていう美容室、ある？」と私がまた聞く。

「あの信号渡ったところ」とまたそちらの方向を指さす。

「あ、そう。私はその先のバス停を探していたの」と説明すると、子どもたちは納得したように「ああ」と頷いた。私が校門の前を行ったり来たりするのを見ていたにちがいない。

「ありがとう」と言って私は背を向けた。するとその背に、日の光を浴びて輝く波頭のきらめきのような声が降ってきた。

「サヨーナラ!」

えっ、さようなら? 久しぶりに聞くそのことばはなんと美しい響きだろう。私がそのことばを口にしなくなって久しいことに突然気がついた。普段は「じゃあね」などという無味乾燥な挨拶ですませている。私が最後に「さようなら」と言ったのはいつのことだろうか。そう、たぶん母の葬儀のときだ。遺影に向かって「サヨナラ」と手を振ったら、今までそばにいた母が不意に遠のいたように感じた。あれ以来、私は現し身の人に「さようなら」と言ったことがない。

だが、この子どもたちの「サヨーナラ」はなんと希望に満ちた響きだろう。私はその感動を伝えたくて、踊るように体を一八〇度回転させた。そして両手を広げて「サヨーナラ」と言った。子どもたちもうれしそうに互いの顔を見合って笑った。

私はきびすを返してバス停に向かった。「いいお友達、たくさんつくってね」と言えばよかったという悔いがちょっぴり背中に残った。

［注］

1　『戦う民意』一〇頁
2　『沖縄問題——リアリズムの視点から』二九頁参照
3　『周縁から見た中世日本』一四七—一四八頁
4　同右、一七九—一八一頁
5　同右、一八〇頁
6　同右、一八一頁
7　同右、一八〇—一八一頁
8　『織豊政権と江戸幕府』一五二—一五三頁
9　同右、二九二頁
10　同右
11　前掲3、二四八頁
12　前掲8、二九二頁。室町・戦国期の「与力」は、「大名や武将に付属して騎乗する武士をいい、人数を騎で数えた」〈出典：山川日本史小辞典（改訂新版）〉。
13　『世界大百科事典　二九』六二七頁
14　前掲3、二四九頁
15　同右、一七四頁
16　同右
17　同右、一六九頁

18 同右、二四四頁
19 同右、二五二頁
20 同右、一八八頁。村井章介著『海から見た戦国日本』からの引用。
21 同右、一八七―一八八頁
22 同右、二四七頁
23 同右、二五〇頁
24 『沖縄県の歴史』二二九頁
25 『琉球王朝史』三〇〇頁
26 前掲24、二三四頁。前掲25、三〇七―三〇八頁
27 『沖縄ノート』一四頁
28 『沖縄で新聞記者になる』参照

第五章　旅の終わりに

1　戦後沖縄の苦難

私は二〇二二年六月二一日、沖縄地方の梅雨明け翌日に那覇空港に降り立った。そして一週間後、関東地方の梅雨明けが発表された日に東京に戻った。その日の朝、那覇市の気温は三二℃、到着した羽田の気温は三四℃。これから長い高温多湿の夏が始まる、と私は内心でつぶやいた。

私の旅の目的は五〇年来の宿題に答えを出すことだった。そのために、あだやおろそかな気持ちで行ってはならないと思っていた沖縄に、思い切って足を踏み入れた。

あれやこれやいろいろなものを見たわけではない。様々な人に出会ったわけでもない。それでも、「沖縄だーいすき、人がやさしい」という本土の人と、ふとした瞬間に表情が変わる那覇の人の間にあるギャップを知ったのは、貴重な経験だった。

私の宿題は、「沖縄が沖縄のままで日本だと、その地に住む人が思えるためには、本土がどう変わればいいのか」という問いに答えを出すことだった。

私はあくまで沖縄は日本国の一部だという大前提に立っている。そんなこと当たり前じゃないか、と本土の人は言うかもしれないが、沖縄には、県の全人口に対する比率はどのくらいかわからないが、日本からの独立を希望する人が現実にいることをこの旅で知った。

沖縄滞在最終日、那覇市民ギャラリーで開かれている写真展に立ち寄った。写真展はその日が最終日でタイトルは『『復帰』50年写真展　沖縄写真の軌跡』だった。

会場に入ってみると、戦後の様々な場面で撮影された写真が壁面いっぱいに並べられていた。その中にアメリカ軍占領下の時代、演習地付近で草刈り中に射殺された青年の遺体写真があった。日付は一九六一年二月一日で、「平安良福（二一才）さんは、演習地内で草刈り中に射殺された。米軍はその後演習場の境界線を勝手に広げて『演習地内であった』と主張」との説明文がつけられていた。

これと同じ内容の文章を私は阿波根昌鴻さんの本で読んだ。

一九七三年一〇月、アメリカ軍が伊江島の射爆場周辺に枯葉剤を散布していることが発覚し、阿波根さんが代表を務める「伊江島土地を守る会」が同年一一月に出した抗議文の中にこの事件が言及されている。抗議文は次のように始まる。

「一九五五年三月、米軍は私たちをしばり上げ、家を焼き払い、私たちの土地を強奪した。

このとき米軍は農耕も採草も許す、危険も不安もない、損害は十分に補償する、と宣言した」[1]。
阿波根さんの抗議文は、その宣言にもかかわらず、これまでに危険、不安は絶え間なくあり、アメリカ軍の爆弾による爆死二人、演習機からの直撃による射殺一人、重軽傷五〇余人、逮捕投獄された者五〇余人、と続く。

阿波根さんの解説によれば、爆死した二人は二八歳と三八歳の男性で、土地を取り上げられて他に生計を立てる道がなく、畑に落とされた爆弾を拾ってスクラップにして売る生活だった。事故は爆弾解体作業中の爆発によるものだった。

「わしは悲しみをこらえて写真をとりました。アメリカは証拠がないと納得しなかったからです」[2]と阿波根さんは書く。その生々しい写真が阿波根さんの本に掲載されている[3]。

村役場も県当局もアメリカ軍への補償交渉を引き受けてくれなかったので、阿波根さんはアメリカ軍に直接請求して一〇〇〇ドル程度、「とても補償といえるようなものではなかったが、とることができた」[4]という。

演習機からの直撃によって射殺された青年は、私が訪れた写真展の解説とは、名前や年齢に微妙な違いがあるが、発生した年が同じなので、おそらく同一人物ではないだろうか。阿波根さんによれば名前は平安山《へんざん》良福《りょうふく》さんで年齢は二〇歳とのことだ。

「平安山君は草刈り中に、スキップバームという演習弾で直撃されて即死したのです。しかも演習地の外であったのに、米軍は現場をブルドーザーでならして、新しい境界の杭を打って、演習地内に入ったから射殺されてもしょうがないのだ、という偽装をしました。こんな卑劣な態度をとって、自損行為だからといって、このときは賠償にはまったく応じませんでした」。

阿波根さんはこの事件でも直接アメリカ軍に賠償請求交渉をしたのかもしれない。私が写真展で見た平安良福さんの写真は阿波根さんが撮影した可能性が高いと思う。写真の説明そのものには撮影者の名前はなかったが、出展者名のリストには阿波根さんの名前が最初に掲載されていた。

私が会場を訪れたのは夕刻だったので、展示会会場では、最終日の行事として開かれていたシンポジウムも最終段階にはいっており、発言者がそれぞれの思いを「最後に一言」として語っているところだった。発言者は沖縄の写真を撮り続けてきた人や、沖縄で何らかの文化活動に携わってきた人のようだった。

発言者の一人が、「沖縄は一〇〇年後には独立していると私は思っています」と言った。そのためには今からじっくり時間をかけて琉球文化の再構築をはからなければならない、という趣旨のことを語った。

その発言に呼応するように、会場から一人の女性が立ち上がった。私より少し年上に見えたので、沖縄戦の記憶がある人だろうか。少なくとも戦後の辛酸を身をもって体験してきた人のように思われた。

「私も沖縄の平和は日本からの独立以外にはあり得ないと思っています」とその人は言った。

そしてなぜそう思うのかを縷々述べたが、伝わってくるのは、中央政府や本土に住む人びとの、沖縄に対する不当な扱いに耐えかねているという心情だった。私は「ヤマトは帰るべき祖国ではなかった」という大山朝常さんの本の副題を思いながら、その人のことばを聴いた。

序章で述べたように、大山朝常さんは、アメリカ民政府の圧政から解放されて平和憲法下の日本へ復帰することは沖縄県民の切なる願いだったと書いている。阿波根昌鴻さんも、復帰を目指して一九六〇年代の四月二八日に行われた海上大会に毎年参加したのは、平和憲法下の日本に復帰することを願っていたからであり、「財産も権利も生命も無視され、踏みにじられていた米軍の占領下から解放され、基地もなくなって、沖縄人の沖縄になる、そして平和に暮らすことができる」と信じたからだと書いている。[6]

しかし、沖縄人の七割が反対しているのに、辺野古への基地移設を中央政府が強行しようとしている。「沖縄人の沖縄」とはとうてい思えない。平和憲法下の日本復帰を希求したのに、その平和憲法が今や非常に危うい状態になっている。

2　宿題の答え

私の心は、シンポジウムで発言した女性の意見に傾いていきつつ、沖縄は独立したらどういうことになるのだろうか、と考える。二〇世紀は戦争の世紀、二一世紀は共生の世紀と今世紀の初めには盛んに言われたが、四半世紀近くが過ぎてみれば、今世紀の世界もまた覇欲、我欲、金欲、私利私欲に満ちていることを私たちは思い知らされている。人のいのちが踏みにじられる状況は、二〇世紀と変わらない。

私には、もし沖縄が日本から独立したら、日本は同国人である沖縄の人びとに責任をとる機会を永久に失うのだな、という思いがある。それが時代精神となって、時の流れの底に澱となって沈むかもしれない。それはこれから生きる両国の若い人たちのためにいいことではない。

しかし沖縄の独立は現実に迫る問題ではないので、私は五〇年来の宿題の解答を、沖縄の人も私も同じ日本国の一員というスタンスを維持したまま考えた。解答用紙に書きうる私の答えはたった一行ですむ。

日本が複数民族の国に生まれ変わること。

「生まれ変わる必要はない。もともとそうだったではないか」と言う人がいるかもしれない。だが、私の人生を振り返ってみれば、それが実感できる環境にいる日本人はどのくらいいただろうか。私は「いづれの御時にか」も、「ゆく河の流れは絶えずして」も、「廻れば大門の」も、「山路を登りながらこう考えた」も全部、高校までの国語の教科書で習った。

それに対し、沖縄の文学には、大人になるまで触れたことがなかった。最初に読んだのは山之口貘の詩集で、たぶん一九九〇年前後のことだ。それというのも、山之口貘が子どもの頃には学校で沖縄の方言を話すことが禁じられており、方言を使った生徒には、方言札と称する札を首から下げる罰があった、と新聞で読んだからだ。その札は、誰か別の子どもが方言を使ったのを耳にして、その子に札を渡さない限り、いつまでも先に罰を受けた子が首から下げていることになる。山之口は誰にも方言札を渡さなかったそうだ。そしてかたくなに方言を使い続けたとのことだ。

その山之口が詩人となって、沖縄のことばではなく本土で話されていることばで詩を書いたと知って興味を抱いたのだ。それは単純な好奇心だった上に、三〇年あまりも前のことゆえ、どんな読後感だったのか、生活の煩いを書いているのにじめじめと暗い感じがしないという以外にあまりはっきりした記憶がない。

今回、那覇市の県立図書館を訪れて驚いた。その資料室には、山之口貘専用の書架があり、山之口に関する資料がびっしり並べられていた。それを見て、山之口は沖縄ではとても大切にされている詩人だということを実感した。

文学ばかりではない。私は高校までの体育の時間に、外国のフォークダンスは習ったが、エイサーやカチャーシーは習ったことがない。その名前さえ知らなかった。

さらにいえば、私は東北育ちだが、東北から比較的近い地域で踊られていたはずのアイヌの踊りも習ったことがない。アイヌ衣装に描かれた文様の意味も習わなかった。

昔、何十年も前にアラスカ観光をしたときに、最北の地で「来客を歓迎するイヌイットの踊り」を見せてもらった。それは観光客用に準備された踊りではあったろうが、手と足の動きが微妙にずれて複雑な動きをする踊りが一朝一夕に完成するはずがない。きっと長い年月をかけて、大地にくり広げられる暮らしの中で、その地に住む人びとにとって心満たされる体の動きとなって出来上がったものだろう。

それが「文化」というものだと思う。天の恵みと地の喜びと人の祈りが時の流れに溶けあって醸しだされるもの。それゆえ文化に触れればそれを生み出した人びとのいのちの息吹を感じることができる。

踊りを披露してくれた人びとに誘われて私も共に踊ってみたが、不器用な私の身のこなしは何ともギクシャクして、観賞には堪えなかった。イヌイットの人たちと顔を見合わせて大笑いしたが、私はこのとき、わずかな建物と、数えようと思えば数えきれると思わせる本数の電柱と、それに張られた電線以外には何も見えない、はるか地平線までも見渡せる真っ平らな大地の上にも生の営みはあるのだということを脳裡にしっかり刻んだ。近年、地球温暖化が進み、北極海の氷が溶けているというニュースに触れるたびに、私が訪れた頃の、真夏にもかかわらず、浮氷が海岸までびっしり迫っていた光景や、その浮氷に砂浜からヒョイと飛び移った自身の姿が目に浮かんでくる。今、あの地に暮らす人びとは昔と様変わりした光景を見てどんな気持ちでいるだろうか、生活のしかたを変えなければならない不安の中にいるだろうか、と思いを馳せるが、あのときあの踊りに加わらなければ、私がこのような感慨を抱くかどうかわからない。「土地に固執せず、どこかもっと暮らしやすいところに移住すればよい」と浅はかに言い放っているかもしれない。

私は「宿題」の答えを書き込むときに、故意に「多民族国家」ということばを使わなかった。そのことばは、少なくとも私には国家権力の介在を思わせ、話が意図しない方向へ飛んでいくような気がしたからだ。

日本は明治初期には「単一民族国家」を標榜していたが、やがて自己イメージを「多民族国家」に変えた。[8] 明治初期には天皇統治のもと、同一民族が一丸となって西洋列強に対抗しようと民衆を鼓舞する必要があったのだし、やがて植民地を領有するようになって、「同一民族」ではない人びとも日本国を守る一員として迎え入れる矛盾を是正するためには自己イメージを変えるしかなかったと想像する。

私が実際にその時代の空気を知っているときのことでいえば、太平洋戦争後、日本の経済が著しく成長して、日本は貿易立国、技術立国ともてはやされた時代があった。そのときに、この成功は日本が単一民族の国だから可能だった、とアメリカの人びとが盛んにいっていた。数年前には、ある政治家が「日本は単一民族国家だ」と発言して物議を醸した。

このように国が進む方向によって、あるいは発言者の意図によって、私たちの国が単一民族の国になったり多民族の国になったりする歴史があるのであれば、私の考察上は何も民族にこだわる必要はない。私は鉛筆書きした「宿題」の答えを急ぎ消しゴムで消して、次のように書き換えることにした。

必要なのは日本が複数文化の国に生まれ変わること。

人の往来が自由な日本では、民族の境界は抗いようもなく曖昧になる。しかし、文化の特徴は、そう簡単には消えないだろう。文化とは天と地の森羅万象に人間の精神が感応して創造されるものであり、森羅万象の表れ方は地域によって違いがあるからだ。長く地吹雪が続く季節の果てに、赤紫の新芽を冬木立の上に見るときの感動は、常に緑濃い地域に住む人が春を迎えるときの感動とは違う意味合いをもつかもしれない。人の往来が活発な地域に住む人と、それがほとんどない地域に住む人では、孤独の深さに違いがあるかもしれない。それぞれの森羅万象に人の精神が感応して色や形や音や、もっと直接的には暮らしぶりに表されたものが文化だと私は思う。

しかし、それぞれの文化を深く知れば、表面上の表れ方は違っていても、人の内実は底の底では何も違わない。誰しもが、知、情、意を一つのいのちに内包し、もって生まれた生命力を燃やして大事に大事にそのいのちを生きるのが人間の本質だと気がつく。そう知ることが人としての知恵の第一歩になる。この考えに照らせば、差別とは、知恵の獲得を怠っていることの証左に他ならない。

私はとにもかくにも宿題の答えを書き出したが、誰がこの宿題を受け取ってくれるだろうか。私は、戦後の歴史を私と同じように市井の民として生きてきた人の中に、沖縄の状況、ひいてはこの国のありように心を痛めている人が大勢いると信じている。新聞を読めば、沖縄がこのままでいいとは思っていない若い人たちが大勢いることもわかる。その人たちの発言を読んでいると、二八歳の自分の姿がよみがえってきさえする。

私はそれらの人びとに、こうありたいと願う日本の姿を考えるための素案として、私の解答を使ってもらえないかと思う。沖縄の問題と称している問題は、本当は、私たちが住む国の根幹にかかわる問題なのだから。私はこの解答にたどり着くまでに五〇年もかかる鈍足だったが、もっと俊足でエネルギーに満ちた人たちに、期待と願いをこめて私のたすきを渡したい。

3 「沖縄の心」、ふたたび

そして、考える。沖縄の人は、このたすきを受け取ってくれるだろうか、と。

思想家の岡本恵徳《けいとく》さんは、施政権返還後の那覇の街がどこかよそよそしくなった、と書いた。[9]

「那覇の街が、これまでとは異なった〝何もの〟かに変わっている、あるいは変わろうとしているかにみえる」[10]と。

岡本さんは、一九七三年に書いたその一文の中で、次のような内容を繰り返し述べている。

沖縄の人びとは、「琉球処分」以降、日本国政府の沖縄統治政策に従い、自ら沖縄的なものを葬り、そのまま帝国による戦争に巻き込まれてしまった。だが、その後のアメリカ軍による支配下では、住民は一致団結してその圧政に抵抗する中で、自らの本質を捨てるという過失に気づき、沖縄的なものを取り戻すことで人間としての自由を獲得した。

正直のところ、岡本さんの文章はひどく難解で、ちょっと油断すると頭の中に三角や四角が飛び散って、ことばの意味が捉えきれなくなる。それに、見たこともない漢字が出てきたりして、自分の無教養ぶりにうなだれてしまうこともしばしばある。

それにもかかわらず、私は岡本さんの一行一行を息を殺して読んだ。息を止めなければ、自分の呼吸が雑音となって集中できないからだが、いつまでも息を止めているわけにはいかないから、フッと息を抜く。すると、両手で最大限に伸ばしたゴムが手を緩めれば元の長さに戻るように、私の理解度も元の木阿弥になってしまう。

それでも私が息を止めてまで岡本さんの文章を読んだのは、岡本さんが「沖縄の心」を語っていると感じたからだ。

この旅に出る前の私には、新聞でよく見かける「沖縄の心」という表現が何を意味しているのか、今ひとつ合点がいかなかった。新聞を読んだだけでは取りつく島がないと感じた私は、自分に合点のいく「沖縄の心」を見つけることもこの旅の課題に加えた。その際、「沖縄の心とは反戦平和、人権回復、自治確立、が考え方の柱だ」という大田昌秀さんのことばを胸に刻んだ。

しかし、大田さんが示したのは、いわば骨格としての三本柱であって、まだそれだけでは、「こころ」という人間性そのものの、肌触りもぬくもりもこちらには伝わってこない。そのぬくもりや肌触りを岡本さんは語っている、と私は感じたのだ。

岡本さんはいう。沖縄は、日本の国家体制から切り離されて、二十数年にわたるアメリカ軍支配の抑圧下で、自らの生を自らの力で生き延びてきた、と。その歴史の積み重ねの中で、人びとは、国家に強制されて身につけたのではない、沖縄人本来の人間性を回復し、団結性を獲得し、人間としてこうありたいと願う思いを政治に生かす自治の精神を身につけた、と。

政治とは、第一義的には人びとが共同して営む日常生活の中で意味をもつはたらきだが、沖縄の人びとが政治にかかわるときには、日常生活を超えて、人としてこうありたいと願う生き方を実現する力が政治にあると期待しているのであり、その意味では沖縄人の政治意識とは「日常性を超えた思想性」に特徴がある、と岡本さんはいう。

施政権返還以後の沖縄は、政治、経済、文化のあらゆる面で、中央支配を強化しようとする日本国政府の政治姿勢に直面することになった。沖縄的な特徴も団結力も切り崩して、自己の実効性を拡大しようとする政府の攻勢に対抗する手段を沖縄はまだ見つけていない。攻勢は急激であり、思想の創造は緩やかな時の流れを必要とするから、やがて沖縄は、大きな苦しみを代償にして再生した沖縄性が忘れ去られて変質するのかもしれない、と岡本さんはいう。一九七三年当時、岡本さんがしきりに感じていた那覇の街の変貌とは、沖縄全体が変質しつつあることを象徴するかのような変貌だった。

岡本さんの言説をだいぶ私自身のことばに翻訳してしまったが、とにかく私は岡本さんの文章をそのように読み解いた。そして、「沖縄の心」の三本柱のひとつ、「沖縄の自治」が、日本国政府の決定権が及ばない占領下で築いた「沖縄が直接に自らを治める」という意味ならば、その政治形態は、岡本さんがいうように[11]、一九七二年に失われたということではないかと思う。

しかし、たとえその形態は失われたとしても、歴史の試練に耐えて身につけた精神は決して失われるものではない。日本復帰からの五〇年は、中央政府の攻勢を受けながらも、時代に即応しつつ、なお「県民の自治」を守ろうとする努力と苦悩の連続であったにちがいない。そして、普天間飛行場の移設問題に目を向ければ、まさに現在進行形の形で、私たちはその努力と苦悩を目の当たりにしているといわざるをえない。

岡本さんは次のようにいう。「日本の保守的な政治の老獪さ」は、人びとが政治を「日常生活の次元で機能するものとして捉える意識のありようを巧みに利用して」、政治を「日常生活次元の問題に縮小してみせかけ、その次元の問題にすりかえることで支配を強化したところにあるにちがいない、というのが、沖縄でみた日本の政治のありようについての実感である」[12]。

私は再び翻訳家と化して、岡本さんのことばを読みくだく。例えば、政府が出生率を上げようとして出産費用は無料、どの子どもも希望するなら保育園入所が可能、保育費は第一子は五割補助、第二子は七割補助、第三子以降は全額補助という政策を掲げたとする。国会では、財源はどこにあるのか、必要にして十分な数の保育園をどう整えるのか、献身的かつ信頼のおける保育士はどう確保するのか、などの議論は曖昧なまま、まして、この国が新しいいのちを送り出したいと人びとに思わせるような希望に満ちた社会を築き得ているかという、「日常性を超えた」大問題の議論は野党からすら出ないまま、内閣総理大臣は少子化対策を争点にして国会解散、総選挙に打って出たとする。

選挙期間中、一国の首相は「国民の幸せを一番に考えている」姿勢を演出し、与党も野党も少子化対策に特化した演説を繰り返し、野党は与党の政策の不備を攻撃するばかりで何ら新しい、想像力に富んだ政策や社会観を提示するわけでもない。

高額な出産費用や保育園探しに苦労する世代の人びとは、与党の政策に期待してか、実行力がありそうもない野党を信頼せずにか理由は不明だが、与党に投票する……ことになるかどうかはわからない。が、岡本さんのいう「政治を日常生活次元の問題に縮小してみせかけ、その次元の問題にすりかえる」とは、単純化していえばこのようなことではないだろうか。選挙期間中に首相が同じ表情、同じ表現で「国民の幸せが一番大事」と何度言っても、聞こえてくるのはことばだけで、何を幸せと思っているか、という政治家としての魂は伝わってこない。日本では民主主義の根幹、総選挙でも「日常性を超えた政治上の思想」は語られない。

沖縄が直接に自らを治めるという占領下での政治形態が失われた今、沖縄の「自治確立」の基本は、人としてこうありたいと願う思想が語られない政治は拒否するということになるのではないだろうか。

それに対して、沖縄の自治の精神を切り崩して支配力を強化したい中央政府は、「老獪」にも、日常生活における経済援助を提示して、「こっちの水は甘い」と有権者を誘うのだろう。私は長い間、それは庶民の頬を札束でひっぱたく行為だと思っていたが、岡本さんにあっては、それはただひっぱたくだけの暴力ではなく、「人ひとりの人間のありかたの根源にまで暴力的にふみこむ[13]」行為なのだ。

それにしても、支配力増大に努め、政治理念を語らぬ中央政府の本音はどこにあるのだろうか。仮にアメリカの世界戦略追随が本音であるならば、それは「沖縄の心」の大黒柱、そして沖縄のみならず全国民の悲願であるはずの、「反戦平和」の土台が揺らぐということだ。もしかしたら、現在見られるような沖縄住民と本土住民の意識の分断は、老獪な権力者の密かなもくろみだったのかもしれない。量において政治の実効性が証明されるのであれば、基地負担の不公平を訴える側と、基地が戻ってきて欲しくない側との圧倒的な数量の差は、支配者にはこの上なく好都合のはずだ。

私は「『復帰』50年写真展　沖縄写真の軌跡」のシンポジウムで「沖縄の平和は日本からの独立以外にはありえない」と語った女性の悲痛な声を想う。あの声は、「沖縄の心」をずたずたに引き裂く中央政府への怒りとともに、それを容認しているかに見える本土住民への落胆非難の声だと私は聴いた。

独立か否かは別として、あの女性の怒りや落胆を共有する人は沖縄にはたくさんいるにちがいない。そのような人びとの前に、私は自分のたすきを差し出すのをためらう。

「受け取ってくれるだろうか」と。

4　沖縄にあって本土にないもの

私は三つの課題を背負って旅に出た。二つは今までさんざん述べたことだから繰り返さないが、残った一つは沖縄にあって本土にないものを探すことだった。二八歳の私は、その答えは車の右側通行だと思った。そのことに関して、せめて新聞投書なりとも意思表明しなかったことに悔いが残ったことはすでに書いた。若い私の頭の中で、いろいろな考えが堂々巡りして自信がもてなかったゆえに何もできなかったとも書いた。

しかし、右側通行が私の求める本当の答えではないという直感が当時の私の内面で働いていたのも事実だ。なぜその直感が私の中でくすぶったのか、今ならはっきりわかる。交通規則を変更することは、ただの象徴にすぎないからだ。象徴は実体あってこそ存在意義がある。若い私は象徴と実体を取り違えたのだ。

私が求めた実体は、その当時の沖縄と本土が同じ地平に立つ一つの国だと意識できるためには、当時の日本そのものがどう変われればいいのかということだった。なぜそれが必要かはいうまでもない。それぞれの地域に暮らす人びとの人権にかかわることだからだ。

右側通行はその変化の内容そのものにはなりえない。人は、なぜ右側通行になったのかやがて忘れる。国際運転免許を取得するのに都合がいいと言うようになる。「沖縄の心」をないがしろにしている事実に鈍感になる。いい悪いは別にして、人とはそういうものだと私は思う。

変化すべき「内容」そのものは、すでに語った。まだ語っていないのは、沖縄にあって本土にないものをなおも探し求める理由だ。

変化には常に困難、抵抗、妨害がつきまとう。たとえば、日本文化の神髄は、わび、さび、幽玄、もののあはれ、と長い間いわれてきたが、今後その表現は使えない、ということになったら、どれほどの抵抗が予想されるだろうか。

わび、さび、幽玄、もののあはれは倭《やまと》の文化というべきなのだろうか。やっかいなことに、歴史家の網野善彦さんによれば、倭国《わこく》とは北部九州、四国、本州西部の範囲を基盤としており、南九州以南と東北北部以北はその範囲内には入っていなかったとのことだ。中部以東、関東、東北南部はその国制下にあったが、異質な地域と意識されていたそうだから、その地域には西国とは違う文化があったのかもしれない。

網野さんの説によれば、倭国の国名が日本国に変わったのは七世紀末とのことだ。[14]「日本文化の神髄」は、現在私たちが意識しているような本土全体のことではなく、ずいぶん狭い範囲のことになる。

「複数文化の国に生まれ変わる」ことは、明治以来脈々と続いてきた中央集権国家の中での考え方や制度や精神の刷り込みの見直しを迫られることだから、どれほどの抵抗、妨害に遭うだろうか。思うだけでも恐ろしいが、ここは、良いことも悪いこともさまざまに経験した日本が、国としての知恵を問われる局面だと私は思う。

人は道に迷ったとき夜空を見上げて北極星を探すように、困難や抵抗にあって気落ちしたときは、ぶれずに行く手を示してくれるものがあったほうがいい。その「動かぬ星」に当たるものが、実体に対する象徴だと私は考える。

その象徴には沖縄と本土の両方の特徴が含まれていなければならない。だから私は沖縄にあって本土にないものを探した。

復帰後五〇年がたち、文化現象の境界がさまざまな面で曖昧になってきているだろうが、私に思い当たるものが一つだけある。それが「ドミファソシ」の五音階だ。

那覇市の国際通りを歩いていると、この琉球旋律の曲が時折七音階の曲に交じって聞こえてくる。路上では三線の演奏をしている人もいる。五音階の旋律が流れてくれば、「ああ、沖縄の音楽だ」と思う。琉球旋律に触れて沖縄だと思うのは、三線の音色がメインファクターなのか、あるいは旋律そのものがメインなのか、私にはそれ以上のことはわからないが、五音階の旋律と七音階の旋律が対話するような音楽は創れないだろうかと考えてみる。対話とは異なる個性が感応しあって新たないのちが輝く小宇宙を創造することだから、そのエネルギーを想像するだけで私は魅せられる。

実は「さくらさくら」など和風の音楽も五音階で創られているそうだが、こちらの音階は「ドレミソラ」で沖縄の五音階とは違う。いずれにせよ琉球旋律を含めた五音階と七音階が語り合うような音楽——日本全国、作曲を勉強している人は大勢いるだろうから、その人たちに、あなたが思い描く「平和」や「希望」を五音階と七音階で表現してみませんかと呼びかけたら、呼応してくれる人がいるのではないだろうか。

そのような音楽はきっと、象徴の役割を果たしてくれるだろう。

5　川崎沖縄県人会

幼いころの私はかなり人見知りする子どもだったと記憶している。ところが、いつ、どういうわけでそうなったかは全く記憶にないが、私は、たいていの初対面の人と初めて会ったような気がしない、という感覚の持ち主に成長した。

沖縄に行ってもその感覚は全開だったが、それはイチャリバチョーデー（出会った人はみなきょうだい）という感覚とは違うと思う。イチャリバチョーデーに似た感覚を自分の中に探すなら、「袖振りあうも他生の縁」だろうか。子どものころには、縁といわれても何の意味ももたなかったが、最近ではあの世とこの世は本当に縁でつながっているのではないかという気がしている。

私は沖縄で路線バスを待つ間に二人の女性とことばを交わしたが、あの人たちにあの場所で出会ったのは何かの縁だったのかもしれない。そう思わせるほどに二人の笑顔は、なんの違和感もなく、まっすぐに私の心に染みた。

私はその縁に促されるようにして、東京に戻ってだいぶたったある日、川崎に行ってみた。川崎にしばらく住んでいたという女性の、「戦争があったからねえ」という声がいつまでも耳に残っていた。

川崎市や川崎沖縄県人会、総務省のウェブサイト及び「渋沢社史データベース」の関係サイトを参照すると、川崎と沖縄の関係が初歩的ながらも納得する形で浮かび上がってくる。

沖縄がその地から遠く離れた川崎と関係をもつようになったのは、明治以降に富士山系の水力を利用して産業を創設しようとする機運が高まったことに遠因があるようだ。一八九〇年

(明治二三年)に富士製紙株式会社が現在の富士市で開業したが、その成功を見た事業家たちが紡績会社を興そうと計画し、一八九六年(明治二九年)に富士紡績株式会社を創立した。一〇年後に東京瓦斯《ガス》紡績を合併して富士瓦斯紡績株式会社と改称した。戦後は再び富士紡績株式会社となり、現在の富士紡ホールディングス株式会社へとつながる。

明治期の時点では、まだ川崎と富士瓦斯紡績とは関係らしい関係は見当たらない。川崎には、「汽笛一声新橋を」と鉄道唱歌に歌われた日本初の鉄道開業のときに、新橋から数えて四番目の「停車場」が開設され、その翌年には、新橋―横浜間の貨物運輸開始にともない、川崎停車場は貨物輸送取り扱いを開始した。その後は川崎大師へ向かう別の鉄道会社が設立されたり、工場が多数設立されたりして、独自の発展を遂げるようになった。

鉄道駅開設から四〇年後の一九一二年(大正元年)――川崎はまだ市ではなく川崎町だった――川崎町議会は、工場誘致を町是とすることを決議した。そして三年後の一九一五年(大正四年)に、当時東洋一といわれた富士瓦斯紡績川崎工場が完成した。

沖縄と川崎の明確な関係はここから始まる。この昼夜操業の大工場で働く女工さんの多くは沖縄から働きに来た人たちだった。やがてその女性たちの親類縁者も沖縄から移住してくるようになり、その人たちはことあるごとに集まりふるさとの伝統芸能を楽しんだ。それが後の「川崎沖縄芸能研究会」に発展し、そこで披露される芸能は、今では神奈川県の「重要無形民俗文化財」に指定されている。[16]

一九二三年（大正一二年）に起こった関東大震災のときに、沖縄出身者たちが互いに助け合ったことがきっかけとなって、翌一九二四年（大正一三年）に川崎沖縄県人会が発足した（ということは二〇二四年に一〇〇周年を迎えることになる）。

「互いに助け合った」というが、震災のときばかりでなく普段の日常生活の中でも、互いに助け合わなければ暮らせなかった事情があったろうと私は想像する。私が検索したサイトでは、あからさまに「差別があった」という表現はなく、せいぜいが、ことばが通じず仲間同士で助け合ったという表現にとどまっているが、全国的に見れば、当時は「琉球人お断り」という張り紙が食堂や下宿屋に貼られていた時代だった。沖縄出身者が本土で暮らすには、どれほどの疎外感を味わったことだろうか。[17]

私は、沖縄の人たちが本土で味わったであろう疎外感の百億分の一ぐらいを、翁長雄志さんの著書を読んでいるときに味わった。

翁長さんは、沖縄県知事となってからは右も左もなく、沖縄県民を一つにまとめ、沖縄の尊厳と誇りを取り戻そうと力を尽くしたが、二期目立候補を目前にして病に斃れた。翁長さんの著書からは、本土と対峙して、要求すべきは要求し、協力すべきは協力して、共に本当の民主主義の国を創ろうという堂々とした気概が伝わってきて、私はその言説の一つひとつに共感した。

翁長さんは、沖縄の文化を次の世代に伝えていくためには、文化の中核にある沖縄のことばの復権も大切だという。その意味で、那覇市長時代に翁長さんは「はいさい・はいたい運動」を始めた。「はいさい」も「はいたい」も「こんにちは」という意味で、「はいたい」は女性が使う表現だそうだ。

翁長さんは、せめて挨拶ぐらいは沖縄のことばを使おうと市役所の部長や職員たちに呼びかけたところ、「一年間で五万回。最初は恥ずかしそうでしたが、三カ月ぐらいで全員が使うようになりました」と書いている。[18]

その翁長さんが著書の最終章で、島言葉に関して感激したというエピソードを披露している。

那覇市内に新しい小学校が開校して、那覇市長の翁長さんが開校式に出席したときのことだ。新しい校歌が披露されたが、三番まであるその歌の始めはかけ声で始まる。一番は男子生徒が「はいさい、はいさい」、二番は女子生徒が「はいたい、はいたい」とかけ声をかける。そして、「世界に羽ばたく」という内容の三番、翁長さんが感激したというその歌のかけ声は「ハロー、ハロー」だった。それこそまさに琉球王国の時代から沖縄の人びとが理想としてきた「世界の架け橋になる」という心意気を想わせる場面であり、翁長さんの感動もそこにあった。

しかし、私は本能的に「えっ」と思った。私はこの本を読んでいる間中、翁長さんの「本土と対峙して」という気概に強く影響されていたに違いない。沖縄人ではない私は、対峙される側に立つ本土人という意識を、無意識ながら強くもったのではないかと思う。それゆえ、「ハロー」という外国のことばが表示されたとき、「えっ、おはよう、さよなら、またあした、はないの？」と、まさに一瞬の本能で反応したのだ。

ヤマトコトバの不在を感じたその瞬間、私の心の中に、ちらりと揺らめくものがあった。

「ああ、これが疎外感というものだな」と。

私の疎外感など、取るに足らないものだし、翁長さんが本土人を疎外する気持ちなど毛頭ないことも十分に信じられた。でも、一瞬、心が冷えたのは事実だ。

大正時代、沖縄から本土に移住してきた人を、疎外感を感じさせずに温かく迎えいれた本土の人はどのくらいいたろうか。「琉球人お断り」の張り紙を目にして、移住してきたかの地の人びとはどれほど心が冷えたろうか。私とは比べものにならない、何億倍もの疎外感を想像したとき、私の目に、不意に熱いものがあふれた。


私は川崎駅から徒歩一五分ぐらいのところにある富士瓦斯紡績川崎工場の跡地へ行ってみた。「戦争があったからねえ」と言ったあの女性の身内がそこで働いたかどうかはわからないが、当時、東洋一の工場とはどんな広さだったのか実感してみたかった。

ナント、そこは今、川崎競馬場になっていた。明治時代にもそこには競馬場があったとのことだ。そして、競馬を開催する会社の社長が、かの板垣退助だったというから驚く。別に驚く必要はないが、私には「板垣死すとも」というあのイメージが強いので、競馬運営会社の社長になっていたことに意表を突かれたのだ。

板垣が社長を務めた競馬場の見物席は東洋一といわれるほど見事な建築だったそうだ。しかし、競馬の過熱が社会問題化して政府が馬券の発売禁止令を出し、競馬場は正味一五日間競馬を開催しただけで、開業から二年後に廃止された。

その約一三万坪の跡地に、従業員二五〇〇人の富士瓦斯紡績川崎工場が建てられた。その工場は、四半世紀後に別会社（現在の東芝）に買収され、戦火により焼失という運命をたどった。川崎は一九四五年四月一五日にアメリカ軍による大空襲に見舞われた。二〇〇機余りのB－29が飛来し、焼夷弾と爆弾合わせて一一一〇トンが投下されたとのことだ。川崎は戦前から重化学工業を主とする産業が発達した町であり、軍需品生産でも重要な役割を果たしていた。そのためアメリカ軍は川崎を最重点攻撃目標の一つとみなして、工場が集中する臨海部や多摩川沿いの鉄道沿線地域が、市街地とともに猛攻撃を受けたのだった。

現在の川崎競馬場はまさに多摩川の岸辺まで徒歩五、六分のところに位置しており、この地域には沖縄出身の人びとが大勢暮らしていたかもしれない。沖縄のあの女性の身内もこの辺りに住んでいて、戦火の中を逃げ惑ったのだろうか。

余談だが、紡績会社なのに「瓦斯」とはこれいかに、と思った人はお若い。私も「む？」と思ったが、辞書を引いてすぐに思い当たることがあった。「瓦斯」とは「ガス糸」のことだ。辞書には「木綿糸の表面の散毛（ばらげ）繊維をガスの炎で焼き、表面を滑らかにして光沢を生じさせたもの」とある。遠い昔、母が何かの機会に、「これはガスだね」と言ったのを聞いた記憶がある。今にして思えば、手にした布地は絹物とは光沢が違うと言っていたのかもしれない。

川崎競馬場の正面からぐるりと廻って競馬場の背後にあたる地域に富士見公園がある。昔はここから西の空に富士山が望めたらしい。富士見公園は太平洋戦争が始まる一年前に開園した公園で、「工業都市としての発展にあわせて川崎市ではじめて誕生した第一号の都市計画公園」と川崎市のウェブサイトに紹介されている。戦争中は軍に接収されたというから、まさしく開戦から敗戦までの歴史を刻む公園なのだろう。

この公園の一角に那覇市から贈られたカンヒサクラが二本植えられている、あるいは植えられていた、というべきか。今はどうなっているかわからない。那覇市と川崎市は一九九六年に友好都市協定を結んでいるが、その二〇周年を記念して、二〇一六年に、那覇市から市長と市議会議長が参加して植樹されたそうだ。

私はその公園にも足を運んだが、現在その地域一帯は再開発の工事をしており、立ち入り禁止の屏で囲われていた。白い壁面に「めぐみをかえして」という文字とともに横田さん夫妻や子供時代のめぐみさんの写真が印刷されていて、その前を通るときに胸が痛んだ。

私はその屏を右手に見て直進し、歩道橋を渡った。電柱や建物に貼りつけられた住所表示からすると、そのあたりのどこかに沖縄県人会の事務局と沖縄芸能研究会がはいる川崎沖縄労働文化会館があるはずだが、見つからなかった。

「このあたりはわかりにくいのよ」と言いつつ地域の人が教えてくれた道順に従って歩いたが、たどりつけなかった。

次に聞いた人は、コンビニで買った品物を自転車の籠に入れているところだった。

「たぶん、あのあたりにあると思うんだけど」と言って、その人はさっき私がいたあたりの方角を指さした。

そこへ行くにはこの道をすぐ左へ曲がって、と説明されたとおりに私は歩き出した。するとものの一分もたたないうちにその人が自転車で追いかけてきて、「ほんとにそこにあるかどうか、先に行って見ておきますね。ゆっくり歩いてきてください」と言って通り過ぎていった。

そして、すぐに自転車を降りて、こちらを向いて両腕を頭の上に挙げて丸をつくった。

「ああ、よかった。これで私も安心して帰れます」と、その人はニコニコ笑いながら元来た道を帰っていった。

私はその人の親切に気が大きくなったのか、事前連絡もせずに訪ねてきた気後れも感じずに、ドアを開けた。

中では、定年を迎えたばかりと見える男性が立って、玄関先で何やら仕事をしていた。

「沖縄県人会の事務局に沖縄に関する資料があるかもしれないと思って来てみたんですけど」と言うと、よくここがわかったね、と笑顔を向けてくれる。親切な女性にここまで案内してもらった、と言うと、どこから来たの、とまた尋ねる。私が住んでいる町の名を告げると、「ほう、ずいぶん遠くから来たんだね。大変だったでしょう」とねぎらってくれる。

「私の町は、多摩川の河口から三五キロ上流にあります。今日は多摩川を泳いで来ました。下りだったから楽ちんでしたよ」と私は笑って言った。

相手もノリのいい人で、「ハハハ、よく溺れなかったね。三階に事務局の人がいるから行ってごらん」と背中を押してくれた。

事務局の戸口に立って、一瞬、なんと言おうかと迷ったが、とにかく、「こんにちは」と声をかけた。三人の事務局員が一斉にこちらを見た。来意を告げると、奥に座っていた会長さんが立ち上がって、どうぞなんでも見てください、と壁面一杯に本が並べられた書棚を指した。

それらの書物を眺めながら、富士瓦斯紡績川崎工場で働いた女工さんの手記や、その当時川崎で暮らした沖縄出身者の生活の記録はありませんか、と聞く。すると、三人がそれぞれに思い当たる資料を取り出し、会長さん自らコピーをとってくれた。会長さんの話では、二〇二四年の県人会創立一〇〇周年には記念式典を開催する予定とのことだ。

しばし沖縄に関する話をあれやこれやしたのち、私はおいとました。女性局員さんがわざわざ玄関まで送ってくれて、方向感覚の怪しい私に、「川崎駅はこの道をまっすぐ行けば必ず着きます」と太鼓判を押してくれた。

その道をまっすぐに歩きながら、考えた。

事務局の戸口で「こんにちは」と声をかけたとき、胡散臭そうな眼差しにはあわなかった。

話をしている最中、品定めをされている居心地の悪さも感じなかった。私はそのときは気づかなかったが、もしかしたら、イチャリバチョウデーの恩恵に浴したのかもしれない。三人の局員さんたちは川崎育ちだが、それぞれの両親は沖縄出身だそうだ。

6　沖縄と本土が同じ地平に立つために

川崎が市制を敷いたのは一九二四年（大正一三年）のことで、そのときの人口は約五万人だった。戦前の人口が回復したかに見える一九五〇年（昭和二五年）の国勢調査の結果では川崎市の総人口は約三二万であり、現在は約一五三万人がこの町に住んでいる。川崎にしばらく住んでいたといったあの人は、川崎がこんなに大きな町になっても「沖縄」がしっかり根づいていると知ったら喜ぶだろうか。

川崎駅のそばに「石敢當」と刻まれた石碑がある。石敢當《いしがんとう》は魔除けの一種で、沖縄では丁字路のつきあたりや屋敷の正面などに設置されている。沖縄の悪魔は直進しかできないから、真正面に魔除けを置くことで厄除けをするのだと、琉球村のガイドさんが言っていた。

川崎駅前の石敢當は、一九五九年の宮古台風災害に対して川崎市民から贈られた救援金に対する感謝のしるしとして、当時の琉球政府から贈られたと石碑の裏側に記されている。

私は、那覇で目にしたものに比べれば何倍か大きなサイズの石敢當を見つめながら、心にありながらまだ言わずにいる思いに考えを巡らせた。それは沖縄にあって本土にないものに関することだが、証明のしようがないから黙っていた。

しかし、私にとってはこれこそが、沖縄に行ってよかったと思える確かな発見なのだ。本土にない、とは言わない。それがなかったら大変なことになる。しかし、沖縄のそれに比べれば、なんとも希薄で曖昧な形でしか意識されていないように私には思われるのだ。

そのものに名前をつけるならば、「被権力者の中に宿るべき政治的主体者意識」とでもいおうか。

「平和の礎」を訪れたとき、私は、その園内のどこからでも静かに語る沖縄のこころの声が聞こえてくる気がした。その声を聴こうとしない者、聞こえないふりをする者、別の意味にすりかえようとする者には、静寂の中に浮かぶひとひらの紙片となって、「こころ」を文字にして浮かび上がらせる。その文字は本土に育った私にはおぼろげにしか見えないが、沖縄の人なら誰でもはっきり読めるはずだ。

命どぅ宝、と。

「ぬち」とは一度失われたら二度とは戻らぬこの世のいのちのことだ。決して彼岸の話ではない。

いのちとは、誰もが等しく持っている、肉体と精神を不可分に包含する宝物のことだ。

そしていのちとは、日常の中に生きるものだ。煩い多き日常の中で、精神も肉体も輝きを失わないように力を尽くすことが、共同体の中で機能する政治の第一義的役割だ。政治の場において「国民のいのちを守る」とは、決して、戦争をしないというだけの意味ではない。人びとのいのちをないがしろにする者は、誰であろうと許さない。いのちの主体は権力者ではなく己だ、という強靭な意志が、「沖縄の心」の芯だと私は感じた。

その強靭さが私たちの文化にはない。ないと言って悪ければ、曖昧模糊としている。共同体の主体は権力を握られた側にあると誰もが知っているのに、なぜだろうか。

私たちが若い頃によく言われていたのは、「戦後民主主義はアメリカから与えられたものであり、一般庶民が勝ち取ったものではないから、人びとの生活実感として主体者意識が身についていない」ということだった。

そうかもしれない。あるいは戦争の総括を自らの手でしなかったせいかもしれない。国家目標に庶民が翻弄されるのではない、自分たちを主体にした新しい社会を創造する確かな力が育たなかった、のかもしれない。

あるいはまた、曖昧でもひ弱でも、戦後に少しは芽生えていただろう主体者意識は、日常生活次元での政治の目くらましにあい、すっかり骨抜きにされてしまったのか。長いものに巻かれてしまったか。はたまた、毒のアメを食らってしまったか。

わからない。わからないけれど、私は沖縄と本土の違いをこのような面ではっきりと感じてしまった。そして、この主体者意識が私たち市井の者の心の芯に力強く宿ったときに、沖縄の人も本土の人も同じ地平に立っていると、両者ともに実感できるのではないかと思うに至った。

そのときには「本土」ということばも死語になっているかもしれない。

私は川崎駅頭の石敢當に祈った。

ムチを隠し札束とアメをかざして妖怪が人びとめがけて突進してきても、どうか、どうか妖術は粉砕されますように。

[注]

1 『命こそ宝　沖縄反戦の心』三三一頁

2 同右、三五頁

3 同右、三六頁

4 同右、三五頁

5 同右、三五―三七頁

6 同右、一八頁

7 ごく最近、山之口の詩に曲をつけて歌っているフォーク歌手がいることを知った。ということは、山之口獏という詩人の名前を知っている人が本土にも大勢いるということだろうか。私がその世代に属していないというだけのことかもしれない。

8 『単一民族神話の起源　〈日本人〉の自画像の系譜』参照

9 『「沖縄」に生きる思想』一〇〇―一一六頁
10 同右、一〇一頁
11 同右、一〇四頁
12 同右、一一三頁
13 同右、一一二―一一三頁
14 『日本とは何か』二六頁
15 同右、二〇頁
16 『川崎の沖縄県人七〇年の歩み』に、若い頃にこの工場で働いた経験のある米須カメさんへの訪問記が掲載されている。それによると、米須さんは一九二三年（昭和一二年）、一五歳のときに工場で働き始めたが、一回給料をもらっただけで、関東大震災に遭遇した。九死に一生を得たが、寄宿舎が全壊したため帰省を余儀なくされた。九年後に再び同じ会社に入社して工場で働いた。給料は二五、六円ぐらいで二〇円ぐらいを親元へ送金した。川崎では、沖縄の先輩たちの音楽を聴いたり踊りを見たりするのが何よりの楽しみだった。米須さん自身も工場ではふるさとの歌を歌いながら働いた。そうすると疲れは感じなかった。休みの日には寄宿舎で同郷の仲間たちと沖縄の歌を合唱した。「やっぱり、沖縄の歌と踊りは、一番よいですね」。
17 同じような貼り紙は戦後にもあったことが、若いときに東京に働きに出た女性の回顧談からわかる。「あの時の東京はね、お店の正面に『沖縄者お断り』って書いてあったんだよ。野蛮人と言ってから。沖縄の人は標準語が分からないし、通じないわけよ。こっちから言いたいことも言えないし。仕事はできても。どうしようもない時は乱暴になるわけよね。休みに銀座とか、あの辺の有楽町とかのデパートに行く途中、路地に入ってどんなかなーって見てみたら、店先に、沖縄者お断りって書いてあるわけよ。これ見てがっかりしたよ。ほんとに。言葉がね、沖縄の人は方言さ、全然通じないじゃない。沖縄の人が来たらすぐに戸を閉めるしね。それから東京というのはあまり（好きではなかった）」。『沖縄の生活史』、三頁

18 『戦う民意』二二〇頁

あとがき

「日本はアメリカの植民地みたいなものだ」ということばを私は若いころから今日に至るまで、何度も耳にしています。それを語る人の心にあるのは怒りでしょうか、自嘲でしょうか、それとも今私が感じているような閉塞感と同じでしょうか。

若泉敬氏は『他策ナカリシヲ信ゼムト欲ス』が上梓されたときに、その書と「参考資料」三点を佐藤栄作元首相の遺族に届けました。一九六九年一一月の日米首脳会談の流れを首相向けに説明する手書きの文書と、両首脳間で交わされる核密約の英文草案とその和訳の三点です（朝日新聞二〇一三年一月一六日付夕刊）。また、その密約に両首脳が署名した日本側原本は、佐藤首相が退任後に持ち帰った執務机の中から発見されました（『週刊朝日』二〇一〇年三月一九日付）。

外交交渉において、国の代表者が重大な責務を負うことは論をまちませんが、一国の首相が背負うものとして国家主権以上に重大な責務があるでしょうか。右の三点も含め、これまでに発見された日米の関連資料は、沖縄返還に関して時の総理大臣が国家主権を放棄したことの裏づけにはなり得ないのでしょうか。国家主権とは主権在民の国では国民主権の総体に他なりません。その総体が享有している権利がアメリカの国家主権の下位に置かれたことを明白に物語るのが、「沖縄返還交渉」だったように私には思われます。

敗戦国日本は戦後の歴史を疑似主権国として生き延びてきたのかもしれません。「疑似」はあくまで「疑似」であり、アメリカが絶対に譲歩しないであろう案件での交渉では、日本の不自由な立場が露呈されます。その不自由に国民を代表して敢然と異を唱えた政治家がこれまでにいたのかどうか私にはわかりませんが、交渉に携わった人がどのような目くらましのつぶてを投げつけても、国民は不自由を不自由と感じます。その歴史の繰り返しが醸し出すうっくつした閉塞感が通奏低音のようにこの社会に漂っているとはいいすぎでしょうか。私は日本の首脳が訪米して、会談後にホワイトハウスの前で米首脳とにこやかに写真撮影に応じるのを見るたびに、今度は何を引き受けたのだろうか、何を押しつけられたのだろうかと暗い気持ちになります。

日本はどうすれば正真正銘の主権国になれるかという問いに、西山太吉さんなら何と答えるか聞いてみたいと思っていました。私には国民がそれを強く望むことだという正統派の答えしか思い浮かびませんが、国家権力に挑んだ西山さんならどう答えたでしょうか。残念なことに、西山さんの最後の著書をあと数ページで読み終わるというときに、テレビがその人の訃報を速報で伝えました。今となってはご冥福を祈るしかありません。

本書の出版を快くお引き受けくださいました花伝社の平田勝社長と、つたない原稿を読者の心に届きやすいように誠心誠意工夫してくださいました佐藤恭介編集部長にあつくお礼申し上げます。「出版する価値のある原稿」といっていただいたときの感動を生涯忘れません。

沖縄関係の資料収集及びその解釈にあたっては、沖縄県立図書館、ひめゆり平和祈念資料館、多摩市立図書館の館員の方々、及び川崎沖縄県人会事務局の皆さまにお世話になりました。ここに記して感謝申し上げます。

本書には隠されたメッセージがあります。「沖縄を常套句で語るのはやめよう」です。常套句は往々にしてことばが上滑りして意味内容が深まりません。本土で常套句化しているかに見える「沖縄の心」の深い意味を知ろうとしたことも、私が旅に出た目的の一つでした。

私は「平和」も常套句になりつつある危惧を抱いています。平和とは単に戦争をしないというだけではないはずです。誰もが等しくもっている「宝」を護り輝かせるために、今こそ私たちは平和の深い意味を語り合うべきときではないでしょうか。

私は心に描く平和や希望を音符で表わすことはできませんが、ことばでなら次のように表わします。

ハロー、はいさい、＊＊＊＊、またあした！

いつの日か＊＊＊＊がアイヌのことばに換わることを願いつつ、今は筆をおきます。

二〇二四年五月二一日　沖縄・奄美地方梅雨入りの日に　平尾彩子

参考文献

安里進・高良倉吉・田名真之・豊見山和行・西里喜行・真栄平房昭『県史47　沖縄の歴史』山川出版社、2004

阿波根昌鴻『命こそ宝　沖縄反戦の心』岩波新書249、1992

阿波根昌鴻『米軍と農民――沖縄県伊江島』岩波新書866、1973

網野善彦『日本の歴史00　「日本」とは何か』講談社、2000

新崎盛暉『日本にとって沖縄とは何か』岩波新書1585、2016

新里金福『琉球王朝史』朝文社、1993

池上裕子『日本の歴史15　織豊政権と江戸幕府』講談社学術文庫、2022

石原昌家・新垣尚子『戦没者刻銘碑「平和の礎」の機能と役割』沖縄国際大学南東文化研究所、1996

石原昌家・岸政彦監修、沖縄タイムス編『沖縄の生活史』みすず書房、2023

上間陽子『海をあげる』筑摩書房、2020

大石直正・高良倉吉・高橋公明『日本の歴史14　周縁から見た中世日本』講談社学術文庫、2021

大江健三郎『沖縄ノート』岩波新書762、1970

大島和典『大島和典〔沖縄平和ネットワーク〕の歩く見る考える沖縄』高文研、2021

大田昌秀『沖縄　平和の礎』岩波新書477、1996

大田昌秀『沖縄のこころ――沖縄戦と私』岩波新書831　1972
大山朝常『沖縄独立宣言――ヤマトは帰るべき「祖国」ではなかった』現代書林、1997
岡本恵徳『「沖縄」に生きる思想　岡本恵徳批評集』未来社、2007
沖縄県『「平和の礎」建設基本計画書』沖縄県、1993
沖縄県教育庁文化財課史料編集班『沖縄県史　各論編六　沖縄戦』沖縄県教育委員会、2017
沖縄県文化振興会公文書管理部史料編集室『沖縄県史　資料編一二　アイスバーグ作戦　沖縄戦五（和訳編）』沖縄県教育委員会、2001
小熊英二『単一民族神話の起源〈日本人〉の自画像の系譜』新曜社、1995
翁長雄志『戦う民意』KADOKAWA、2015
川崎沖縄県人会編集委員編集『川崎の沖縄県人七〇年の歩み』神奈川県沖縄協会、1982
宜野湾市史編集委員会『宜野湾市史　第一巻　通史編』宜野湾市教育委員会、1994
櫻澤誠『沖縄現代史　米国統治、本土復帰から「オール沖縄」まで』中公新書2342、2015
新城郁夫・鹿野政直『対談　沖縄を生きるということ』岩波現代全書104、2017
「戦後50年・市民の不戦宣言」意見広告運動編『〈戦後50年〉あらためて不戦でいこう!』社会評論社、1995
高良倉吉編著『沖縄問題――リアリズムの視点から』中公新書2418、2017
知念ウシ『シランフーナー（知らんふり）の暴力――知念ウシ政治発言集』未来社、2013
豊下楢彦『安保条約の成立』岩波新書（新赤版）478、1996
西山太吉・佐高信『西山太吉　最後の告白』集英社新書1145A、2022

西山太吉『沖縄密約――「情報犯罪」と日米同盟』岩波新書1073、2007
野村浩也『無意識の植民地主義――日本人の米軍基地と沖縄人』松籟社、2019
畑仲哲雄『沖縄で新聞記者になる――本土出身記者たちが語る沖縄とジャーナリズム』ボーダー新書021、2020
ひめゆり平和祈念資料館学芸課　古賀徳子／仲田晃子／前泊克美／尾鍋拓美／普天間朝佳編集監修・執筆担当『ひめゆり平和祈念資料館ガイドブック　展示と証言』沖縄県女師・一高女ひめゆり平和祈念財団、2023
防衛庁防衛研修所戦史室『戦史叢書　本土決戦準備（一）―関東の防衛―』朝雲新聞社、1971
若泉敬『他策ナカリシヲ信ゼムト欲ス』文藝春秋、1994
朝日新聞
週刊朝日
琉球新報
『世界大百科事典』平凡社、1988
『山川日本史小辞典（改訂新版）』山川出版社、2016

平尾彩子（ひらお・あやこ）
1944年仙台市出身。津田塾大学大学院文学研究科修士（1969年）。ミズーリ大学大学院ジャーナリズム学科修士（1983年）。大学講師を経て、1984年よりフリーランスライターとして、PHP Intersect、Mainichi Daily News、Asahi Evening News、朝日新聞社国際配信部等に寄稿。株式会社ハーレクイン勤務ののち、現在、精神対話士。
著書『モンブランに立つ』（リヨン社、1988年）。

ハロー、はいさい、またあした！——「沖縄の心」に向き合う旅の記録

2024年6月25日　　初版第1刷発行

著者 ——平尾彩子
発行者 —平田　勝
発行 ——花伝社
発売 ——共栄書房
〒101-0065　東京都千代田区西神田2-5-11出版輸送ビル2F
電話　　03-3263-3813
FAX　　03-3239-8272
E-mail　info@kadensha.net
URL　　https://www.kadensha.net
振替 ——00140-6-59661
装幀 ——北田雄一郎
印刷・製本— 中央精版印刷株式会社

ISBN978-4-7634-2123-4 C0036